고려대
한국어

고려대학교 한국어센터 편

2A

English Version

KU PRESS
고려대학교출판문화원

고려대학교 한국어센터는 1986년 설립된 이래 한국어와 한국 문화를 재미있게 배우고 효과적으로 가르치는 방법을 연구해 왔습니다. 《고려대 한국어》와 《고려대 재미있는 한국어》는 한국어센터에서 내놓는 세 번째 교재로 그동안 쌓아 온 연구 및 교수 학습의 성과를 바탕으로 하고 있습니다.

이 책의 가장 큰 특징은 한국어를 처음 접하는 학습자도 쉽게 배워서 바로 사용할 수 있도록 구성했다는 점입니다. 한국어 환경에서 자주 쓰이는 항목을 최우선하여 선정하고 이 항목을 학습자가 교실 밖에서 사용할 수 있도록 연습 기회를 충분히 그리고 다양하게 제공하고 있습니다.

이 책을 내기까지 많은 분들의 도움을 받았습니다. 먼저 지금까지 고려대학교 한국어센터에서 한국어를 공부한 학습자들께 감사드립니다. 쉽고 재미있는 한국어 교수 학습에 대한 학습자들의 다양한 요구가 없었다면 이 책은 나오지 못했을 것입니다. 그리고 한국어 학습자들의 요구에 부응하기 위해 열정적으로 교육과 연구에 헌신하고 계신 고려대학교 한국어센터의 선생님들께도 감사드립니다.

무엇보다 한국어 학습자와 한국어 교원의 요구 그리고 한국어 교수 학습 환경을 종합적으로 고려한 최상의 한국어 교재를 위해 밤낮으로 고민하고 집필에 매진하신 고려대학교 국어국문학과 김정숙 교수님을 비롯한 저자분들께 깊은 감사를 드립니다. 이 밖에도 이 책이 보다 멋진 모습을 갖출 수 있도록 도와주신 고려대학교 출판문화원의 윤인진 원장님과 직원 여러분께도 감사드립니다. 그리고 집필진과 출판문화원의 요구를 수용하여 이 교재에 맵시를 입히고 멋을 더해 주신 랭기지플러스의 편집 및 디자인 전문가, 삽화가의 노고에도 깊은 경의를 표합니다.

부디 이 책이 쉽고 재미있게 한국어를 배우고자 하는 한국어 학습자와 효과적으로 한국어를 가르치고자 하는 한국어 교원 모두에게 도움이 되기를 바랍니다. 또한 앞으로 한국어 교육의 내용과 방향을 선도하는 역할도 아울러 할 수 있게 되기를 희망합니다.

2019년 7월
국제어학원장 박성철

이 책의 특징

《고려대 한국어》와 《고려대 재미있는 한국어》는 '형태를 고려한 과제 중심 접근 방법'에 따라 개발된 교재입니다. 《고려대 한국어》는 언어 항목, 언어 기능, 문화 등이 통합된 교재이고, 《고려대 재미있는 한국어》는 말하기, 듣기, 읽기, 쓰기로 분리된 기능 교재입니다.

《고려대 한국어》 2A와 2B가 100시간 분량, 《고려대 재미있는 한국어》 말하기, 듣기, 읽기, 쓰기가 100시간 분량의 교육 내용을 담고 있습니다. 200시간의 정규 교육 과정에서는 여섯 권의 책을 모두 사용하고, 100시간 정도의 단기 교육 과정이나 해외 대학 등의 한국어 강의에서는 강의의 목적이나 학습자의 요구에 맞는 교재를 선택하여 사용할 수 있습니다.

《고려대 한국어》의 특징

▶ **한국어를 처음 배우는 학습자도 쉽게 배울 수 있습니다.**
  • 한국어 표준 교육 과정에 맞춰 성취 수준을 낮췄습니다. 핵심 표현을 정확하고 유창하게 사용하는 것이 목표입니다.
  • 제시되는 언어 표현을 통제하여 과도한 입력의 부담 없이 주제와 의사소통 기능에 충실할 수 있습니다.
  • 알기 쉽게 제시하고 충분히 연습하는 단계를 마련하여 학습한 내용의 이해에 그치지 않고 바로 사용할 수 있습니다.

▶ **학습자의 동기를 이끄는 즐겁고 재미있는 교재입니다.**
  • 한국어 학습자가 가장 많이 접하고 흥미로워하는 주제와 의사소통 기능을 다룹니다.
  • 한국어 학습자의 특성과 요구를 반영하여 명확한 제시와 다양한 연습 방법을 마련했습니다.
  • 한국인의 언어생활, 언어 사용 환경의 변화를 발 빠르게 반영했습니다.
  • 친근하고 생동감 있는 삽화와 입체적이고 감각적인 디자인으로 학습의 재미를 더합니다.

▶ **한국어 학습에 최적화된 교수 학습 과정을 구현합니다.**

- 학습자가 자주 접하는 의사소통 과제를 선정했습니다. 과제 수행에 필요한 언어 항목을 학습한 후 과제 활동을 하도록 구성했습니다.

- 언어 항목으로 어휘, 문법과 함께 담화 표현을 새로 추가했습니다. 담화 표현은 고정적이고 정형화된 의사소통 표현을 말합니다. 덩어리로 제시하여 바로 사용하게 했습니다.

- 도입 – 제시 · 설명 – 형태적 연습 활동 – 유의적 연습 활동의 단계로 절차화했습니다.

- 획일적이고 일관된 방식을 탈피하여 언어 항목의 중요도와 난이도에 맞춰 제시하는 절차와 분량에 차이를 두었습니다.

- 발음과 문화 항목은 특정 단원의 의사소통 과제와 긴밀하게 연결되지는 않으나 해당 등급에서 반드시 다루어야 할 항목을 선정하여 단원 후반부에 배치했습니다.

《고려대 한국어》의 구성

▶ **2A와 2B는 각각 5단원으로 한 단원은 10시간 정도가 소요됩니다.**

▶ **한 단원의 구성은 아래와 같습니다.**

| 도입 | 배워요 | | | 한 번 더 연습해요 | 이제 해 봐요 | | | | 자기 평가 |
| 생각해 봐요 학습 목표 | 어휘 | 문법 | 담화 표현 | | 말해요 | 들어요 | 읽어요 | 써요 | 발음/문화 |

▶ **교재의 앞부분에는 '이 책의 특징'과 '단원 구성 표'를 배치했고, 교재의 뒷부분에는 '정답'과 '듣기 지문', '어휘 찾아보기', '문법 찾아보기'를 부록으로 넣었습니다.**

- 부록의 어휘는 단원별 어휘 모음과 모든 어휘를 가나다순으로 정렬한 두 가지 방식으로 제시했습니다.

- 부록의 문법은 문법의 의미와 화용적 특징, 형태 정보를 정리했고 문법의 쓰임을 확인할 수 있는 전형적인 예문을 넣었습니다. 학습자의 모어 번역도 들어가 있습니다.

▶ **모든 듣기는 MP3 파일 형태로 내려받아 들을 수 있습니다.**

《고려대 한국어 2A》의 목표

일상생활에서 자주 접하는 주제인 여가 활동, 건강, 좋아하는 것 등에 대해 이해하고 표현할 수 있습니다. 자기소개하기, 길 묻기 등의 기본적인 의사소통 기능을 수행할 수 있습니다.

About the Textbook

KU Korean Language and *KU Fun Korean* adopt a "task-based approach with forms in consideration". The former integrates language items, language skills, and culture while the latter separates language skills into speaking, listening, reading, and writing.

KU Korean Language composed of 2A and 2B offers a 100-hour language course, and *KU Fun Korean* also contains a 100-hour course for speaking, listening, reading, and writing as a whole. Therefore, using the six volumes of the two together makes up a regular 200-hour language program. In the case of 100-hour short language programs or Korean language courses in overseas universities, these volumes can be selectively used according to the purpose of the program or the needs of the learner.

About *KU Korean Language*

▶ **The textbook helps even beginners learn Korean in an easy way.**
- The level of target achievement is moderated in accordance with the International Standard Curriculum of Korean Language. It aims to facilitate accurate and fluent use of key expressions.
- By restricting the range of language expressions for input, more focus can be placed on topics and communicative skills while alleviating pressure put on the learner.
- Learners can readily understand what they learn thanks to easy explanations and also immediately apply their knowledge to practice by completing a sufficient number of exercises.

▶ **The textbook is a fun and interesting textbook that can motivate the learner.**
- It addresses the topics and communication skills that the Korean language learner is highly interested in as they are frequently used in real life.
- By reflecting the needs and goals of the Korean language learner, expressions are clearly presented along with various activities for practice.
- It reflects the fast-changing Korean language lifestyle and environment.
- Familiar and engaging illustrations, as well as stereoscopic and stylish design, add fun to learning Korean.

▶ **The textbook offers a curriculum optimal for Korean language teaching and learning.**

- The communicative tasks included are directly related to the learner's daily life. Each unit is structured for the learner to learn essential language items before performing tasks.
- Vocabulary, grammar, and discourse expressions are newly added to the language items. Discourse expressions are defined as fixed and formulaic expressions, and they are presented as a chunk to ensure that learners can use them right away.
- Each unit consists of the Introduction, Presentation, Form Practice Activity, and Meaningful Practice Activity.
- While avoiding a uniform and rigid structure, the procedures and length of content presented varies in tandem with the importance and difficulty of language items.
- The pronunciation and cultural items that the learner is expected to know, not necessarily linked to the communication tasks in the unit, are selected and arranged at the end of each unit.

The Composition of *KU Korean Language*

▶ **2A and 2B consist of 5 units each, and each unit requires 10 hours.**

▶ **Each unit is structured as follows:**

Introduction	Let's learn			Let's practice again	Let's try				Self-check
Let's think Learning Objectives	Vocabulary	Grammar	Discourse expressions		Speaking	Listening	Reading	Writing	Pronunciation / Culture

▶ **About the Textbook, Syllabus are arranged in the beginning of the book, and Correct Answer, and Listening Script, the Vocabulary and Grammar Index are placed in the appendix.**

- The Vocabulary Index in the appendix is listed in two ways: by unit and in Korean alphabetical order.
- Grammar in the appendix outlines meaning, pragmatic features, and information on the forms with sample sentences and grammar usage. They are also included with English translations.

▶ **All audio files can be downloaded as MP3 files.**

Learning Objectives of *KU Korean Language 2A*

Learners can understand and express themselves on topics commonly encountered in everyday life such as spare time activities, health, and favorite things. They can perform basic conversational tasks such as introducing themselves and asking for directions.

등장인물이 나오는 장면을 보면서 단원의 주제, 의사소통 기능 등을 확인합니다.

The learner looks at the scene and checks the topic of the unit and conversational skills.

어휘의 도입 Introduction of vocabulary
• 목표 어휘가 사용되는 의사소통 상황입니다.
  It is a conversational situation where the target vocabulary is used.

어휘의 제시 Vocabulary usage
• 어휘 목록입니다. 맥락 속에서 어휘를 배웁니다.
  This is a list of vocabulary. The learner can learn the words in context.

• 그림, 어휘 사용 예문을 보며 어휘의 의미와 쓰임을 확인합니다.
  The learner looks at the images and sample sentences and checks the meaning and usage of vocabulary in context.

랭기지 팁 Language Tip
• 알아 두면 유용한 표현입니다.
  It offers useful expressions.

단원의 제목 Title of the unit

생각해 봐요 Let's think

• 등장인물이 나누는 간단한 대화를 듣고 단원의 주제와 의사소통 목표를 생각해 봅니다.
The learner listens to a short conversation and thinks about the topic and communication objectives of the unit.

학습 목표 Learning objectives

• 단원을 학습한 후에 수행할 수 있는 의사소통 목표입니다.
They are the communicative objectives students are expected to achieve after completing the unit.

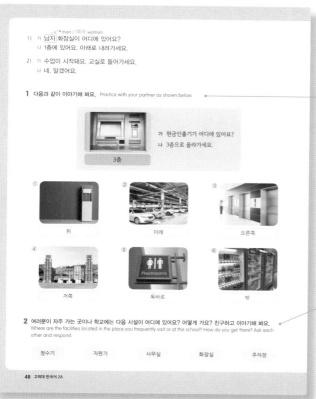

어휘의 연습 1 Vocabulary practice 1

• 배운 어휘를 사용해 볼 수 있는 말하기 연습입니다.
It is a speaking activity for learners to use the words they have learned.

• 연습의 방식은 그림, 사진, 문장 등으로 다양합니다.
Various methods such as photos, pictures, or sentences are used for practice.

어휘의 연습 2 Vocabulary practice 2

• 유의미한 의사소통 상황에서 배운 어휘를 사용하는 말하기 연습입니다.
It is a speaking activity for learners to practice the words they have learned in a meaningful communicative context.

이 책의 특징 About the Textbook

문법의 도입 Introduction of grammar

· 목표 문법이 사용되는 의사소통 상황입니다.
It is a communicative situation where the target grammar is used.

문법의 제시 Grammar usage

· 목표 문법의 의미와 쓰임을 여러 예문을 통해 확인합니다.
Various sample sentences show the meaning and usage of the target grammar.

· 목표 문법을 사용하기 위해 알아야 하는 기본 정보입니다.
It provides basic information for the learner to use the target grammar.

새 단어 New words

· 어휘장으로 묶이지 않은 개별 단어입니다.
They are individual words, not included in the list of vocabulary.

· 문맥을 통해 새 단어의 의미를 확인합니다.
The meaning of the new words can be checked in context.

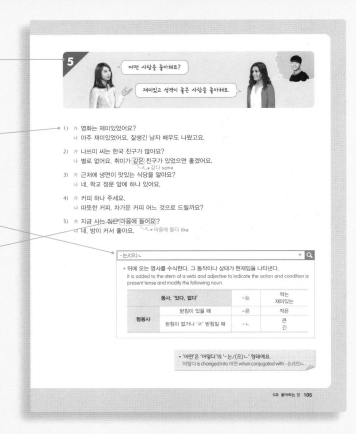

담화 표현의 제시

Usage of discourse expressions

· 고정적이고 정형화된 의사소통 표현입니다.
They are defined as fixed and formulaic communicative expressions.

담화 표현 연습

Practice of discourse expressions

· 담화 표현을 덩어리째 익혀 대화하는 말하기 연습입니다.
The learner learns chunks of discourse expressions and practices them through conversation.

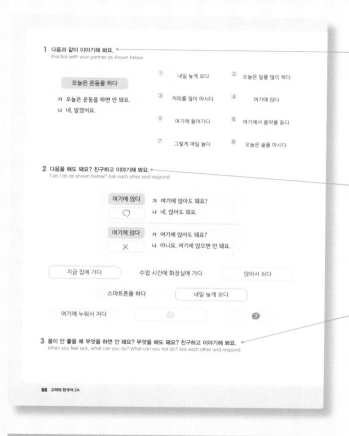

문법의 연습 1 Grammar practice 1

- 배운 문법을 사용해 볼 수 있는 말하기 연습입니다.
  It is a speaking activity for learners to use the grammar they have learned.

- 연습의 방식은 그림, 사진, 문장 등으로 다양합니다.
  Various methods such as photos, pictures, or sentences are used for practice.

문법의 연습 2 Grammar practice 2

- 문법의 중요도와 난이도에 따라 연습 활동의 수와 분량에 차이가 있습니다.
  The number and length of practice exercises and activities differs according to the importance and difficulty of the grammar.

문법의 연습 3 Grammar practice 3

- 유의미한 의사소통 상황에서 배운 문법을 사용하는 말하기 연습입니다.
  It is a speaking activity for learners to practice the grammar they have learned in a meaningful communicative context.

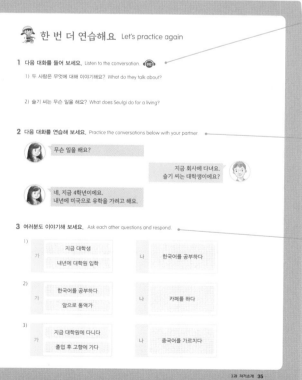

대화 듣기 Listening to a conversation

- 의사소통 목표가 되는 자연스럽고 유의미한 대화를 듣고 대화의 목적, 대화의 내용을 파악합니다.
  The learner listens to a natural and meaningful conversation, which is the communicative target of the unit, and identifies the purpose and content of the conversation.

대화 연습 Conversation practice

- 대화 연습을 통해 대화의 구성 방식을 익힙니다.
  The learner learns how to participate in a conversation by engaging in conversational practice.

대화 구성 연습 Practice to organize conversation

- 학습자 스스로 대화를 구성하여 말해 보는 연습입니다.
  It is an exercise for learners to organize a conversation by themselves and speak.

- 어휘만 교체하는 단순 반복 연습이 되지 않도록 구성했습니다.
  It is structured not to make the exercise a simple drill that only requires replacing words.

이 책의 특징 About the Textbook

듣기 활동 Listening activity

- 단원의 주제와 기능이 구현된 의사소통 듣기 활동입니다.
  It is a listening activity that includes the topic and skills of each unit.

- 중심 내용 파악과 세부 내용 파악 등 목적에 따라 두세 번 반복하여 듣습니다.
  The learner listens to the conversation for a couple of times based on the purpose, whether it is to understand the overall conversation or to capture detailed information.

읽기 활동 Reading activity

- 단원의 주제와 기능이 구현된 의사소통 읽기 활동입니다.
  It is a reading activity that includes the topic and skills of each unit.

- 중심 내용 파악과 세부 내용 파악 등 목적에 따라 두세 번 반복하여 읽습니다.
  The learner reads the passage for a couple of times based on the purpose, whether it is to understand the overall content or to capture detailed information.

쓰기 활동 Writing activity

- 단원의 주제와 기능이 구현된 의사소통 쓰기 활동입니다.
  It is a writing activity that includes the topic and skills of each unit.

- 쓰기 전에 써야 할 내용이나 방식에 대해 생각해 본 후 쓰기를 합니다.
  The learner writes his or her own passage after outlining the content or thinking about the style to use.

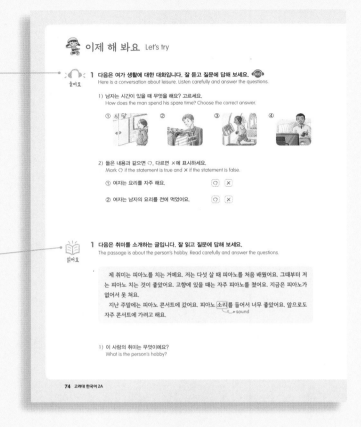

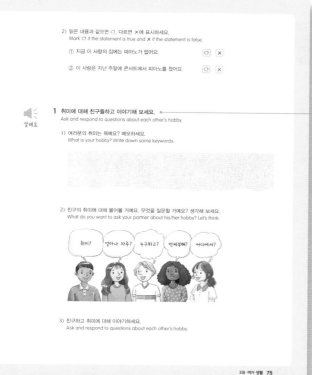

2) 읽은 내용과 같으면 O, 다르면 X에 표시하세요.
Mark O if the statement is true and X if the statement is false.

① 지금 이 사람의 집에는 피아노가 없어요. [O] [X]

② 이 사람은 지난 주말에 콘서트에서 피아노를 쳤어요. [O] [X]

1 취미에 대해 친구들하고 이야기해 보세요.
Ask and respond to questions about each other's hobby.

1) 여러분의 취미는 뭐예요? 메모하세요.
What is your hobby? Write down some keywords.

2) 친구의 취미에 대해 물어볼 거예요. 무엇을 질문할 거예요? 생각해 보세요.
What do you want to ask your partner about his/her hobby? Let's think.

취미? / 얼마나 자주? / 누구하고? / 언제부터? / 어디에서?

3) 친구하고 취미에 대해 이야기하세요.
Ask and respond to questions about each other's hobby.

3과 여가 생활 75

말하기 활동 Speaking activity

• 단원의 주제와 기능이 구현된 의사소통 말하기 활동입니다.
It is a speaking activity that includes the topic and skills of each unit.

• 말하기 전에 말할 내용이나 방식에 대해 생각해 본 후 말하기를 합니다.
The learners speak after thinking about what and how to express themselves in their speech.

문화 **한국인의 여가 시간** Koreans' leisure activities

• 여러분은 여가 시간을 어떻게 보내요? 한국인은 어떻게 보낼까요?
How do you spend your free time? What do Koreans do in their spare time?

Spare time means the time during which you do not have to work, study, sleep, eat, or any other essential daily activities.

According to a survey, the most popular form of recreational activity among Koreans was watching TV, followed by browsing the Internet, updating or checking social media posts, playing games, and taking a walk. Spending free time alone, which was on the rise among Koreans, stood at 59.8% while spending time together with family was 29.7%, showing a downward trend.

✓ 한국인의 여가 활동
TV 시청 인터넷/SNS 게임 산책

✓ 누구하고
기타 10.5%
가족과 함께 29.7%
혼자 59.8%

• 여러분은 여가 시간에 보통 무엇을 해요? 한국인하고 비슷해요?
How do you spend your free time? Is it similar to that of Koreans?

이번 과 공부는 어땠어요? 별점을 매겨 보세요!
How was this lesson? Please rate it.

자기 평가
Self-Check

여가 생활에 대해 이야기를 할 수 있어요? ☆☆☆☆☆

3과 여가 생활 77

발음 활동/문화 활동
Pronunciation exercise/cultural activity

• 초급에서 필수적으로 알아야 할 발음/문화 항목을 소개합니다. 간단한 설명 후 실제 활동을 해 봅니다.
It introduces the pronunciation and cultural items that Korean language beginners need to know. After a brief explanation, they engage in actual exercises or activities.

• 단원마다 발음 또는 문화 항목이 제시됩니다.
Pronunciation and cultural items are presented alternately in each unit.

자기 평가 Self-check

• 단원 앞부분에 제시되었던 학습 목표 달성 여부를 학습자 스스로 점검합니다.
Learners evaluate to what extent they have achieved the learning objectives presented in the beginning of the unit.

단원 구성 표

단원	단원 제목	학습 목표	의사소통 활동
1과	자기소개	자기소개를 할 수 있다.	• 자기소개 대화 듣기 • 자기소개 글 읽기 • 자기소개 하기 • 자기소개 글 쓰기
2과	위치	시설의 위치를 묻고 답할 수 있다.	• 위치를 묻는 대화 듣기 • 장소를 소개하는 글 읽기 • 자주 가는 곳에 대한 글 쓰기 • 위치를 묻고 답하기
3과	여가 생활	여가 생활에 대해 이야기할 수 있다.	• 여가 생활에 대한 대화 듣기 • 취미에 대한 글 읽기 • 취미에 대해 묻고 답하기 • 취미를 소개하는 글 쓰기
4과	건강	건강 상태에 대해 묻고 답할 수 있다.	• 건강에 대한 대화 듣기 • 건강에 대해 묻고 답하기 • 건강에 대한 글 읽기 • 건강에 대한 상담 글 쓰기
5과	좋아하는 것	좋아하는 것에 대해 묻고 답할 수 있다.	• 좋아하는 것에 대한 대화 듣기 • 좋아하는 장소에 대한 글 읽기 • 좋아하는 것을 묻고 답하기 • 좋아하는 것에 대한 글 쓰기

	어휘 · 문법 · 담화 표현		발음 / 문화
• 직업 • 신상	• -고 있다 • -(으)ㄴ 후에 • -(으)려고 하다	• 이름 말하기	격음화
• 위치 • 시설 • 이동	• 에 있다 • -아서/어서/여서 • -(으)면 되다 • -(으)ㄹ래요? • (으)로 1 • 만		지하철을 타 봅시다!
• 여가 활동 • 빈도	• -(으)러 가다 • -(으)ㄹ 때 • -는 것		한국인의 여가 시간
• 몸 • 건강	• -(으)면 • -아도/어도/여도 되다 • -(으)면 안 되다		아플 때는 여기로!
• 특징 1 • 특징 2	• -지만 • -(으)면 좋겠다 • -는/(으)ㄴ • -지요?		소리 내어 읽기 1

Table of Lessons

Unit	Unit name	Learning Objectives	Communicative activity
Unit 1	Self-introduction	You can introduce yourself to others.	• Listening to a self-introduction • Reading a self-introduction • Introducing oneself • Writing a self-introduction
Unit 2	Location	You can ask and answer the questions about the location of facilities.	• Listening to a conversation on asking about a location • Reading a passage introducing a place • Writing a passage about a frequently visited place • Asking and answering questions about a location
Unit 3	Leisure Activities	You can ask and answer questions about leisure activities.	• Listening to a conversation about leisure activities • Reading a passage on hobbies • Asking and answering questions about hobbies • Writing a passage on hobbies
Unit 4	Health	You can ask and answer questions about your health.	• Listening to a conversation on health • Asking and answering questions about health • Reading a passage about health • Writing a passage on health counselling
Unit 5	Favorites	You can ask and answer questions about favorites.	• Listening to a conversation on favorite things • Reading a passage about a favorite place • Asking and answering questions about favorite things • Writing a passage on favorite things

Vocabulary · Grammar · Discourse expressions			Pronunciation / Culture
• occupation • profile	• -고 있다 • -(으)ㄴ 후에 • -(으)려고 하다	• Introducing names	Aspiration
• location • facility • go toward	• 에 있다 • -아서/어서/여서 • -(으)면 되다 • -(으)ㄹ래요? • (으)로 1 • 만		Let's take the subway!
• leisure activities • frequency	• -(으)러 가다 • -(으)ㄹ 때 • -는 것		Koreans' leisure activities
• body • health condition	• -(으)면 • -아도/어도/여도 되다 • -(으)면 안 되다		Visit here when you feel sick!
• feature 1 • feature 2	• -지만 • -(으)면 좋겠다 • -는/(으)ㄴ • -지요?		Read aloud 1

차례 Contents

책을 내며 ·················· 3

이 책의 특징 ·················· 4

단원 구성 표 ·················· 14

등장인물 ·················· 20

1과 **자기소개** Self-introduction ··············· 22

배워요 ·················· 24

한 번 더 연습해요 ·················· 35

이제 해 봐요 ·················· 36

발음 ·················· 39

2과 **위치** Location ··············· 40

배워요 ·················· 42

한 번 더 연습해요 ·················· 54

이제 해 봐요 ·················· 55

문화 ·················· 59

3과 **여가 생활** Leisure Activities ··············· 60

배워요 ·················· 62

한 번 더 연습해요 ·················· 72

이제 해 봐요 ·················· 74

문화 ·················· 77

4 과 **건강** Health ⋯⋯⋯⋯⋯⋯⋯⋯ 78

　배워요 ⋯⋯⋯⋯⋯⋯⋯⋯⋯⋯⋯80

　한 번 더 연습해요 ⋯⋯⋯⋯⋯89

　이제 해 봐요 ⋯⋯⋯⋯⋯⋯⋯90

　문화 ⋯⋯⋯⋯⋯⋯⋯⋯⋯⋯⋯93

5 과 **좋아하는 것** Favorites ⋯⋯⋯ 94

　배워요 ⋯⋯⋯⋯⋯⋯⋯⋯⋯⋯⋯96

　한 번 더 연습해요 ⋯⋯⋯⋯⋯108

　이제 해 봐요 ⋯⋯⋯⋯⋯⋯⋯110

　발음 ⋯⋯⋯⋯⋯⋯⋯⋯⋯⋯⋯113

부록

정답 ⋯⋯⋯⋯⋯⋯⋯⋯⋯⋯⋯⋯⋯⋯⋯ 114

듣기 지문 ⋯⋯⋯⋯⋯⋯⋯⋯⋯⋯⋯⋯ 115

어휘 찾아보기(단원별) ⋯⋯⋯⋯⋯⋯ 118

어휘 찾아보기(가나다순) ⋯⋯⋯⋯⋯ 120

문법 찾아보기 ⋯⋯⋯⋯⋯⋯⋯⋯⋯⋯ 123

왕웨이

나라	중국
나이	19세
직업	학생
	(고려대학교 한국어센터)
취미	피아노

응우옌 티 두엔

나라	베트남
나이	19세
직업	학생
	(고려대학교 한국어센터)
취미	드라마

무함마드 알 감디

나라	이집트
나이	32세
직업	요리사/학생
취미	태권도

김지아

나라	한국
나이	22세
직업	학생
	(고려대학교 경제학과)
취미	영화

미아 왓슨

나라	영국
나이	21세
직업	학생
	(고려대학교 교환 학생)
취미	노래(K-POP)

카밀라 멘데즈

나라	칠레
나이	23세
직업	학생
	(고려대학교 한국어센터)
취미	SNS

다니엘 클라인

나라	독일
나이	29세
직업	회사원/학생
취미	여행

모리야마 나쓰미

나라	일본
나이	35세
직업	학생/약사
취미	그림

서하준

나라	한국
나이	22세
직업	학생
	(고려대학교 국어국문학과)
취미	농구

정세진

나라	한국
나이	33세
직업	한국어 선생님
취미	요가

강용재

나라	한국
나이	31세
직업	회사원
취미	자전거, 스키

1

자기소개
Self-introduction

💡 생각해 봐요 Let's think   011

1 두 사람은 지금 무엇을 해요? 여자의 직업은 무엇이에요?
What are they doing? What does the woman do for a living?

2 여러분은 한국어로 자기소개를 할 수 있어요?
Can you introduce yourself in Korean?

🚲 학습 목표 Learning Objectives

자기소개를 할 수 있다.
You can introduce yourself to others.

● 직업, 신상
● -고 있다, -(으)ㄴ 후에, -(으)려고 하다
● 이름 말하기

배워요 Let's learn

1

이름이 어떻게 돼요?

정세진이라고 해요.

1 여러분도 친구하고 이야기해 봐요.
Ask each other questions and respond.

2

무슨 일을 해요?

회사에 다녀요.

직업 occupation 🔍

작가

화가

번역가

안녕하세요! Hello~

통역가

공무원

관광 가이드

기자

승무원

가: 어디 가요?
나: 학교에 가요

한국어를 가르치다

Korean
영어 English
중국어 Chinese
일본어 Japanese
스페인어 Spanish
외국어 foreign language

회사에 다니다

옷 가게를 하다

1) 가 무슨 일을 해요?
   나 관광 가이드예요.

2) 가 직업이 뭐예요?
   나 은행에 다녀요.

1 다음과 같이 이야기해 봐요.
Practice with your partner as shown below.

가 직업이 뭐예요?
나 학생이에요.

가 무슨 일을 해요?
나 학교에 다녀요.

① ② ③ ④

⑤ ⑥ ⑦ ⑧

2 여러분은 직업이 뭐예요? 친구하고 '무슨 일을 해요?' 질문하고 대답해 봐요.
What do you do for a living? Ask each other 무슨 일을 해요? and respond.

3

무슨 일을 해요?

한국어를 가르치고 있어요.

1) 가 직업이 뭐예요?
   나 여행사에 다니고 있어요.
   └→ travel agency

2) 가 무슨 일을 해요?
   나 명동에서 카페를 하고 있어요.

3) 가 지금도 한국어를 혼자 공부해요?
   나 아니요, 지금은 한국어 학원에 다니고 있어요.
   └→ educational institute

4) 가 어제 왜 전화를 안 받았어요?
   나 미안해요. 그때 자고 있었어요.
   └→ (전화를) 받다 answer (the phone)

-고 있다	🔍
• 어떤 동작이 진행됨을 나타낸다. It means an action in progress.	

1 다음과 같이 이야기해 봐요.
Practice with your partner as shown below.

아르바이트를 하다

가 무슨 일을 해요?
나 아르바이트를 하고 있어요.

① 자동차 회사에 다니다

② 동대문에서 옷 가게를 하다

③ 영어를 가르치다

④ 고려대학교에서 한국어를 배우다

2 다음과 같이 이야기해 봐요.
Practice with your partner as shown below.

가 지금 뭐 하고 있어요?

나 저녁을 먹고 있어요.

①

②

③

④

⑤

⑥

⑦

⑧

3 여러분은 지금 무엇을 하고 있어요? 어디에서 살고 있어요? 그리고 삼 년 전에 여러분은 무엇을 하고 있었어요? 어디에서 살고 있었어요? 친구하고 이야기해 봐요.

What do you do for a living now? Where do you live? What did you do for a living three years ago? Where did you live at that time? Ask each other and respond.

지금 나는

3년 전에 나는

4

대학원에 다니고 있어요?

아니요, 3년 전에 졸업했어요.

고등학교에 입학하다   대학교를 졸업하다   2급을 수료하다   3급에 올라가다

유학 중이다   학교를 그만두다   취직을 준비하다   취직하다   퇴직하다

1) 가 회사에 다녀요?

   나 아니요, 지난달에 회사를 그만두고 지금은 쉬고 있어요.

2) 가 몇 학년이에요?

   나 고등학교 1학년이에요.

1 다음과 같이 이야기해 봐요.
Practice with your partner as shown below.

> **작년에 졸업했다**
>
> 가 대학생이에요?
>
> 나 아니요, 작년에 졸업했어요.

① 대학원생이다

② 고등학교 3학년이다

③ 올해 고등학교에 입학하다

④ 회사에 다니다

⑤ 여름에 학교를 그만두었다

⑥ 지금 취업을 준비하고 있다

2 여러분은 언제 입학하고 언제 졸업했어요? 지금은 무엇을 해요? 친구하고 이야기해 봐요.
When did you enter and graduate from school? What do you do for a living now? Ask each other and respond.

초등학교   고등학교   대학교   취직

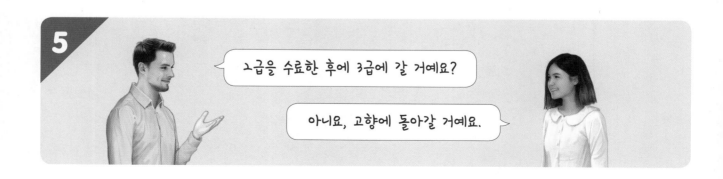

5

2급을 수료한 후에 3급에 갈 거예요?

아니요, 고향에 돌아갈 거예요.

1) 가 어제 저녁에 뭐 했어요?

나 저녁을 먹은 후에 부모님하고 영상 통화를 했어요.
↳ video call

2) 가 수업이 끝난 후에 뭐 할 거예요?

나 오늘은 바로 집에 갈 거예요.
↳ right away

3) 가 언제 한국 유학을 갈 거예요?

나 먼저 한국어를 조금 배운 후에 유학을 갈 거예요.
↳ first

4) 가 대학교를 졸업한 후에 뭐 할 거예요?

나 한국어 번역가가 되고 싶어요.

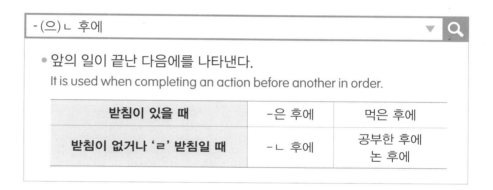

- (으)ㄴ 후에   🔍

• 앞의 일이 끝난 다음에를 나타낸다.
It is used when completing an action before another in order.

받침이 있을 때	–은 후에	먹은 후에
받침이 없거나 'ㄹ' 받침일 때	–ㄴ 후에	공부한 후에 논 후에

1 다음과 같이 이야기해 봐요.
Practice with your partner as shown below.

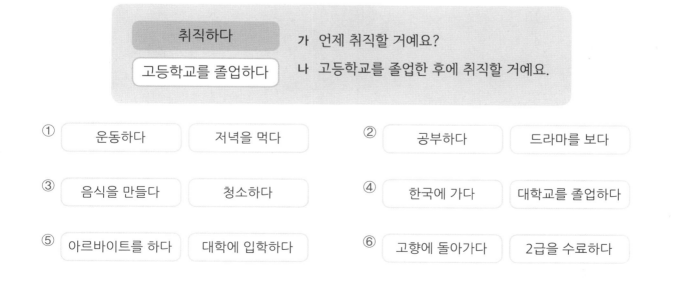

취직하다

고등학교를 졸업하다

가 언제 취직할 거예요?

나 고등학교를 졸업한 후에 취직할 거예요.

① 운동하다   저녁을 먹다   ② 공부하다   드라마를 보다

③ 음식을 만들다   청소하다   ④ 한국에 가다   대학교를 졸업하다

⑤ 아르바이트를 하다   대학에 입학하다   ⑥ 고향에 돌아가다   2급을 수료하다

2 다음 이후에 무엇을 할 거예요? 친구하고 이야기해 봐요.
   What will you do after competing those actions as shown below? Ask each other and respond.

| 저녁을 먹다 | 수업이 끝나다 |

3 다음과 같이 이야기해 봐요.
   Practice with your partner as shown below.

가 무슨 일을 하고 싶어요?
나 저는 한국어 선생님이 되고 싶어요.

저는 승무원이 되고 싶어요.

- 지금은 아니지만 앞으로 되고 싶은 것이 있어요? 그럴 때 '이/가 되고 싶다'를 사용하세요.
  What do you want to do for a living in the future? In that case, we say 이/가 되고 싶다.

①

②

③

④

⑤

⑥

4 여러분은 앞으로 무엇이 되고 싶어요? 친구하고 이야기해 봐요.
What do you want to do for a living? Ask each other and respond.

졸업한 후에 뭐 할 거예요?

한국에서 취직 준비를 하려고 해요.

마치다 finish

1) 가 한국어 공부를 마치고 고향에 돌아갈 거예요?
   나 네, 고향에서 대학원에 입학하려고 해요.

2) 가 처음부터 한국에 오려고 했어요?
   나 아니요, 처음에는 미국에 가려고 했어요.

3) 가 이번 주말에 뭐 할 거예요?
   나 고향 음식이 먹고 싶어서 고향 음식을 만들려고 해요.

4) 가 지금 집은 어때요?
   이사하다 move in/out
   나 방이 좀 작아요. 그래서 방학에 이사하려고 해요.

- (으)려고 하다		▼ 🔍
• 어떤 일을 할 생각이나 계획이 있음을 나타낸다.		
It is used to express a plan or intention.		

받침이 있을 때	-으려고 하다	먹으려고 하다
받침이 없거나 'ㄹ' 받침일 때	-려고 하다	자려고 하다 놀려고 하다

1 다음과 같이 이야기해 봐요.
Practice with your partner as shown below.

영화를 보다

가 이번 주말에 뭐 할 거예요?
나 영화를 보려고 해요.

① 방 청소를 하다

② 고향 친구를 만나다

③ 이 책을 읽다

④ 서울 구경을 하다

⑤ 친구하고 집에서 놀다

⑥ 겨울옷을 사다

2 여러분은 이번 주말에 무엇을 할 거예요? 그리고 방학에는 무엇을 하려고 해요? 친구하고 이야기해 봐요.
Do you have any plans for the weekend? What will you do during the vacation? Ask each other and respond.

이번 주말

방학

3 여러분은 계획을 했지만 못 한 일이 있어요? 친구하고 이야기해 봐요.
Do you have any plans you didn't accomplish? Ask each other and respond.

한 번 더 연습해요 Let's practice again

1 다음 대화를 들어 보세요. Listen to the conversation.

   1) 두 사람은 무엇에 대해 이야기해요? What do they talk about?

   2) 슬기 씨는 무슨 일을 해요? What does Seulgi do for a living?

2 다음 대화를 연습해 보세요. Practice the conversations below with your partner.

 무슨 일을 해요?

지금 회사에 다녀요.
슬기 씨는 대학생이에요?

 네, 지금 4학년이에요.
내년에 미국으로 유학을 가려고 해요.

3 여러분도 이야기해 보세요. Ask each other questions and respond.

   1)
   | 가 | 지금 대학생 |
   | | 내년에 대학원 입학 |

   나 한국어를 공부하다

   2)
   | 가 | 한국어를 공부하다 |
   | | 앞으로 통역가 |

   나 카페를 하다

   3)
   | 가 | 지금 대학원에 다니다 |
   | | 졸업 후 고향에 가다 |

   나 중국어를 가르치다

이제 해 봐요 Let's try

1 다음은 두 사람이 처음 만나서 하는 대화입니다. 잘 듣고 질문에 답해 보세요.
들어요
The conversation is between two people who are meeting each other for the first time. Listen carefully and answer the questions.

1) 리나 씨는 지금 무엇을 해요? 그리고 앞으로 무엇이 되고 싶어 해요?
What does Lina do for a living? What does she want to do in the future?

지금 ....

앞으로 ....

2) 들은 내용과 같은 것을 고르세요.
Listen to the passage, and choose the correct statement.

① 하준 씨는 대학원생이에요.

② 리나 씨는 대학을 졸업했어요.

③ 하준 씨는 한국어 선생님이 되고 싶어 해요.

읽어요

1 다음은 페터 슈미트 씨의 자기소개입니다. 잘 읽고 질문에 답해 보세요.
The passage is Peter Schmidt's self-introduction. Read carefully and answer the questions.

안녕하세요? 저는 페터 슈미트예요. 독일 사람이에요. 지금 한국에서 자동차 회사에 다니고 있어요. 2년 전에 대학교를 졸업하고 작년에 한국에 왔어요. 한국어는 독일 대학에서 배웠어요. 지금 회사 근처에서 혼자 살고 있어요. 가족도 보고 싶고 독일 음식도 먹고 싶어서 다음 휴가에는 독일에 가려고 해요.

nearby

1) 페터 씨는 직업이 무엇이에요?
What does Peter do for a living?

2) 페터 씨는 어디에서 한국어를 배웠어요?
Where did he learn Korean?

3) 페터 씨는 휴가 때 무엇을 하려고 해요?
What will he do during his days off?

말해요

1 여러분은 한국어로 자기소개를 할 수 있어요? 자기소개를 해 보세요.
Can you introduce yourself in Korean? Introduce yourself in Korean.

1) 자기소개를 할 때 무엇을 말할 거예요? 메모하세요.
What do you want to say about yourself? Write some keywords.

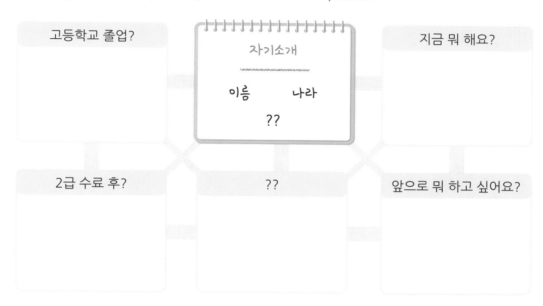

2) 위의 내용을 어떤 순서로 이야기할 거예요? 생각해 보세요.
How do you want to structure your self-introduction? Let's think.

3) 친구들 앞에서 자기소개를 하세요.
Introduce yourself in front of your classmates.

4) 친구들에 대해 많이 알게 되었어요?
Did you learn a lot about your classmates?

써요

1 여러분을 소개하는 글을 써 보세요.
Write a self-introduction.

1) 말하기에서 이야기한 내용에 더 소개하고 싶은 것이 있으면 메모하세요.
Write down some keywords you want to add to your self-introduction.

2) 메모한 내용을 바탕으로 글을 쓰세요.
Based on the keywords, write a passage.

발음 격음화 Aspiration

● 밑줄 친 부분의 발음에 주의하면서 다음을 들어 보세요. (014)
Listen carefully to the sentences below, particularly to the pronunciation of the underlined parts.

1)
> 가 안녕하세요. 저는 박하나예요.

2)
> 가 언제 대학에 입학했어요?
> 나 올해 입학했어요.

 When ㄱ·ㄷ·ㅂ·ㅈ are preceded or followed by ㅎ, they change to an aspirated consonant ㅋ·ㅌ·ㅍ·ㅊ.

● 다음을 읽어 보세요.
Read the sentences below.

> 1) 날씨도 좋고 기분도 좋다.
> 2) 떡하고 밥하고 라면을 먹었어요.
> 3) 깨끗하고 하얗게 해 주세요.
> 4) 백화점에 가려고 6호선을 탔어요.
> 5) 졸업하면 바로 취직할 거예요.
> 6) 수업 후에 뭐 할 거예요?

● 들으면서 확인해 보세요. (015)
Listen and check the pronunciation.

이번 과 공부는 어땠어요? 별점을 매겨 보세요!
How was this lesson? Please rate it.

자기 평가
Self-Check

자기소개를 할 수 있어요?	

2

위치
Location

💡 생각해 봐요 Let's think   021

1 카밀라 씨는 어디에 가려고 해요?
Where does Camila want to go?

2 여러분이 공부하는 곳에는 무엇이 있어요? 어디에 있어요?
What things are there where you study? Where are they?

학습 목표 Learning Objectives

시설의 위치를 묻고 답할 수 있다.
You can ask and answer the questions about the location of facilities.

- 위치, 시설, 이동
- 에 있다, -아서/어서/여서, -(으)면 되다

배워요 Let's learn

● **다음 그림을 보고 알맞은 단어를 쓰세요.**
Look at the pictures and write the appropriate words.

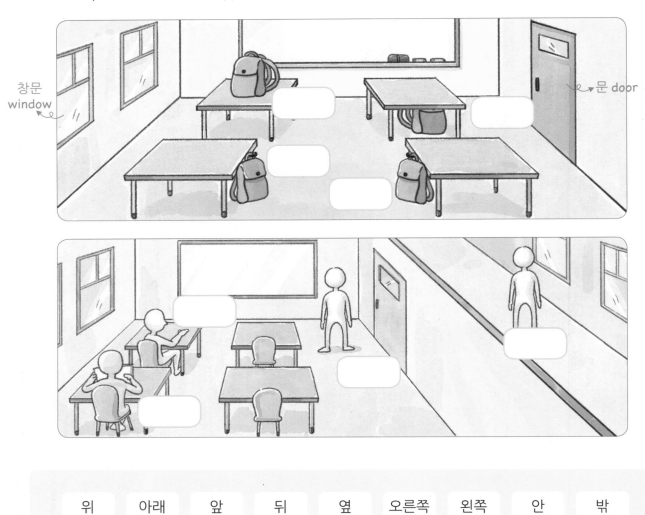

창문
window

문 door

| 위 | 아래 | 앞 | 뒤 | 옆 | 오른쪽 | 왼쪽 | 안 | 밖 |

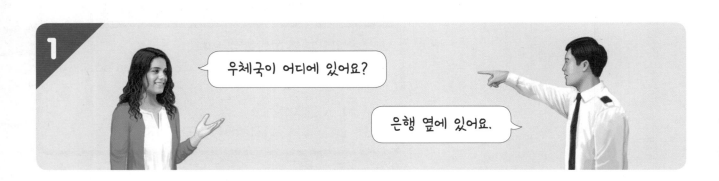

1

우체국이 어디에 있어요?

은행 옆에 있어요.

1) 가 사무실이 어디에 있어요?
   나 2층에 있어요.
   └→ floor

2) 가 지아 씨는 지금 도서관에 있어요?
   나 아니요, 도서관에 없어요. 집에 갔어요.

3) 가 한국어 책이 어디에 있어요?
   나 가방 안에 있어요.

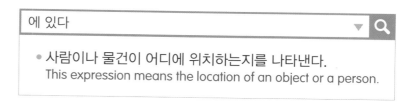

에 있다

• 사람이나 물건이 어디에 위치하는지를 나타낸다.
  This expression means the location of an object or a person.

1 다음과 같이 이야기해 봐요.
Practice with your partner as shown below.

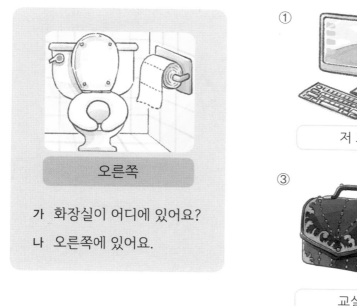

오른쪽

가 화장실이 어디에 있어요?
나 오른쪽에 있어요.

① 저 교실

② 9층

③ 교실 안

④ 왼쪽

2 어디에 있어요? 친구하고 이야기해 봐요.
Where are they? Ask each other and respond.

한국어 책   컴퓨터   선생님   ○○ 씨

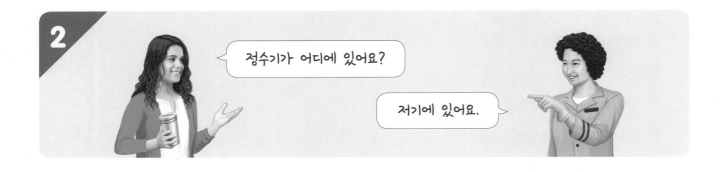

시설 facility

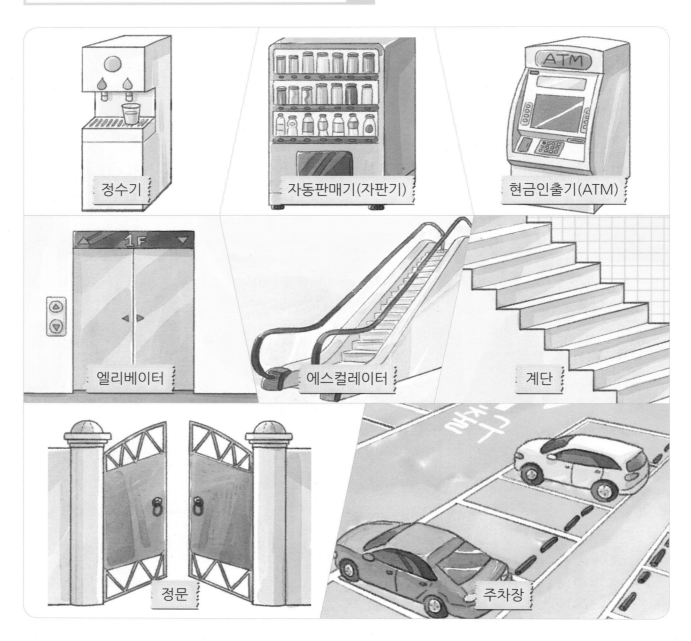

1) 가 자판기가 어디에 있어요?
   나 엘리베이터 옆에 있어요.

2) 가 주차장이 어디예요?
   나 지하 1층에 있어요.
      └→ underground

3) 가 어디에서 만날래요?
   나 정문 앞에서 만나요.

- '-(으)ㄹ래요?'는 어떤 일을 같이 하자고 제안할 때도 사용해요.
  -(으)ㄹ래요? is also used to suggest doing something together with the speaker.
  가 우리 같이 영화 볼래요?
  나 네, 좋아요.

1 다음과 같이 이야기해 봐요.
Practice with your partner as shown below.

가 현금인출기가 어디에 있어요?
나 1층에 있어요.

1층

①
2층

②
사무실 옆

③
지하 3층

④
오른쪽

2 다음과 같이 이야기해 봐요.
Practice with your partner as shown below.

① ② ③

가 지금 어디에 있어요?
나 정문 앞에 있어요.

④ ⑤ ⑥

3 우리 학교에 어떤 시설이 있어요? 어디에 있어요? 친구하고 이야기해 봐요.
What facilities are there in our school? Where are they? Ask each other and respond.

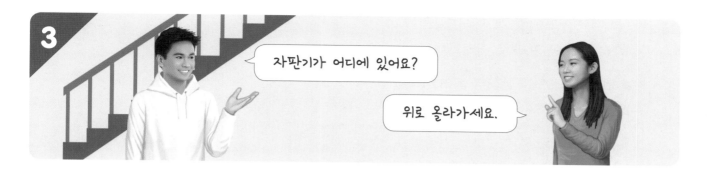

3

자판기가 어디에 있어요?

위로 올라가세요.

이동 go toward

안으로 들어가다

밖으로 나가다

아래로 내려가다

위로 올라가다

똑바로 가다

저쪽으로 돌아가다

- 이동의 방향을 나타낼 때는 '(으)로'를 사용해요.
  (으)로 is used with action verbs to indicate the direction of movement.

1) 가 남자 화장실이 어디에 있어요?
　 ↗man / 여자 woman

나 1층에 있어요. 아래로 내려가세요.

2) 가 수업이 시작돼요. 교실로 들어가세요.

나 네, 알겠어요.

1 다음과 같이 이야기해 봐요. Practice with your partner as shown below.

가 현금인출기가 어디에 있어요?

나 3층으로 올라가세요.

3층

①

위

②

아래

③

오른쪽

④

저쪽

⑤

똑바로

⑥

밖

2 여러분이 자주 가는 곳이나 학교에는 다음 시설이 어디에 있어요? 어떻게 가요? 친구하고 이야기해 봐요.
Where are the facilities located in the place you frequently visit or at the school? How do you get there? Ask each other and respond.

정수기　　　　자판기　　　　사무실　　　　화장실　　　　주차장

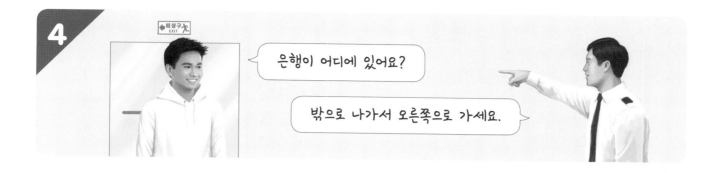

4

은행이 어디에 있어요?

밖으로 나가서 오른쪽으로 가세요.

1) 가 정수기가 어디에 있어요?

　　나 2층으로 올라가서 왼쪽으로 가세요.

2) 가 자판기가 어디에 있어요?

　　나 아래로 내려가서 오른쪽으로 가세요.

1 다음과 같이 이야기해 봐요.
Practice with your partner as shown below.

가 정수기가 어디에 있어요?

나 안으로 들어가서 왼쪽으로 가세요.

①

②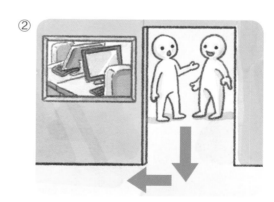

③

④

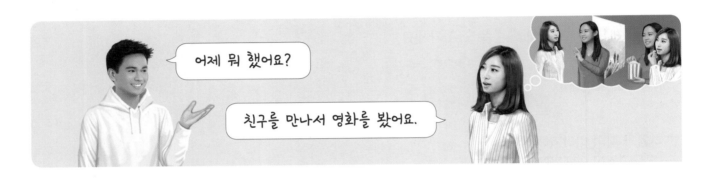

어제 뭐 했어요?

친구를 만나서 영화를 봤어요.

1) 가 어디에서 책을 사요?

　나 저도 잘 몰라요. 사무실에 가서 물어보세요.
　　　　　　　　　　　　　　　　　→ 물어보다 ask

2) 가 아침은 집에서 먹어요?

　나 아니요, 보통 밖에서 사서 먹어요.

3) 가 우리 여기에 앉아서 잠깐 쉴래요?
　　　　　　　　　　　　　　　→ 앉다 sit down
　나 네, 좋아요. 저도 조금 힘들었어요.　서다 stand up
　　　　　　　　　　　　　　　　눕다 lie down

- 아서/어서/여서　　　　　　　　　　　　　　　▼ 🔍

- 동작이 밀접한 관계를 가지고 순차적으로 일어남을 나타낸다.
  It indicates that the first and second actions are closely related and occur in sequence.

- '에 가서', '을/를 만나서', '을/를 사서', '을/를 만들어서', '에 앉아서/서서/누워서'와 같은 형태로 자주 사용한다.
  The expression is often used in the forms of 에 가서, 을/를 만나서, 을/를 사서, 을/를 만들어서, 에 앉아서/서서/누워서.

2 다음과 같이 이야기해 봐요.
Practice with your partner as shown below.

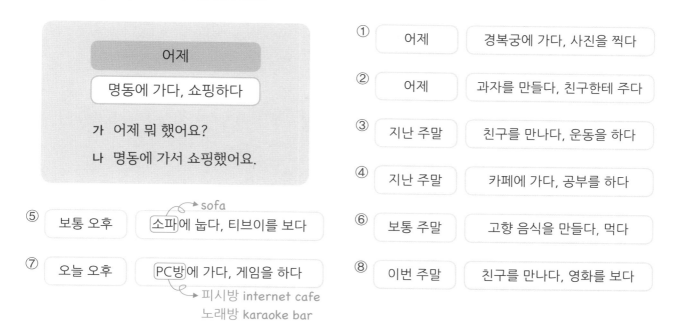

어제

명동에 가다, 쇼핑하다

가 어제 뭐 했어요?
나 명동에 가서 쇼핑했어요.

① 어제 / 경복궁에 가다, 사진을 찍다
② 어제 / 과자를 만들다, 친구한테 주다
③ 지난 주말 / 친구를 만나다, 운동을 하다
④ 지난 주말 / 카페에 가다, 공부를 하다
⑤ 보통 오후 / 소파에 눕다, 티브이를 보다 → sofa
⑥ 보통 주말 / 고향 음식을 만들다, 먹다
⑦ 오늘 오후 / PC방에 가다, 게임을 하다 → 피시방 internet cafe / 노래방 karaoke bar
⑧ 이번 주말 / 친구를 만나다, 영화를 보다

3 여러분은 이번 주에 무엇을 했어요? 다음 주에 무엇을 할 거예요? 친구하고 이야기해 봐요.
What did you do this week? What will you do next week? Ask each other and respond.

5

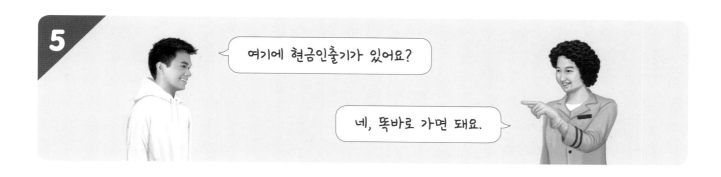

여기에 현금인출기가 있어요?

네, 똑바로 가면 돼요.

1) 가 편의점이 어디에 있어요?
   나 밖으로 나가서 왼쪽으로 가면 돼요.

2) 가 근처에 은행이 있어요?
   나 네, 저기에서 오른쪽으로 돌아가면 돼요.

1 **다음과 같이 이야기해 봐요.** Practice with your partner as shown below.

가 근처에 은행이 있어요?

나 네, 왼쪽으로 가면 돼요.

왼쪽, 가다

①

똑바로, 가다

②

저쪽, 가다

③

3층, 올라가다

④

지하 1층, 내려가다

⑤

밖, 나가다, 왼쪽, 가다

⑥

오른쪽, 가다

 내일 몇 시에 시작해요?

10시까지 오면 돼요.

1) 가 어디에서 버스를 타요?

   나 저 앞에서 타면 돼요.

   버스를 타다 take a bus
   택시 taxi
   지하철 subway

2) 가 오늘 일이 많아요?

　　나 아니요, 이것만 하면 돼요.

3) 가 저녁 준비는 다 ↗all 끝났어요?

　　나 불고기만 만들면 돼요.

> • '만'은 앞에 있는 명사에 한정됨을 나타내요.
> 만, used after a noun, means only, not including others.
> 친구들은 모두 몽골 사람이에요. 나만 한국 사람이에요.

-(으)면 되다	▼	🔍

> • 어떤 결과를 충족하는 수준임을 나타낸다.
> This expression indicates that a certain condition is fulfilled.

2 다음과 같이 이야기해 봐요.
Practice with your partner as shown below.

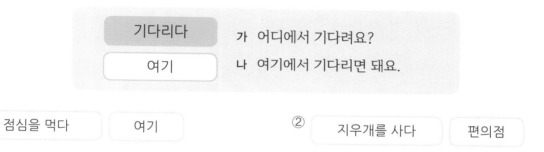

> 기다리다
> 여기
>
> 가 어디에서 기다려요?
> 나 여기에서 기다리면 돼요.

① 점심을 먹다　　여기

② 지우개를 사다　　편의점

3 어떻게 하면 돼요? 다음에 대해 친구하고 이야기해 봐요.
What am I supposed to do? Ask each other and respond.

햄버거를 먹고 싶다

겨울옷을 사고 싶다

한국어가 어렵다

한 번 더 연습해요 Let's practice again

1 다음 대화를 들어 보세요. Listen to the conversation.

1) 여자는 무엇을 찾아요?
   What is the woman looking for?

2) 그것이 어디에 있어요?
   Where is it?

2 다음 대화를 연습해 보세요. Practice the conversations below with your partner.

 정수기가 어디에 있어요?

사무실 옆에 있어요.

 사무실은 어디에 있어요?

2층으로 올라가서 오른쪽으로 가면 돼요.

3 여러분도 이야기해 보세요. Ask each other questions and respond.

1)
| 가 | 자동판매기 | 나 | 화장실 옆 |

2)
| 가 | 주차장 | 나 | 지하 2층 ↓ |

3)
| 가 | 사무실 | 나 | 3층 ↑, 오른쪽 |

4)
| 가 | 현금인출기 / 은행 | 나 | 은행 옆 / 1층 ↓, 왼쪽 |

이제 해 봐요 Let's try

들어요

1 다음은 위치에 대한 대화입니다. 잘 듣고 질문에 답해 보세요. **023**

The conversation is about location. Listen carefully and answer the questions.

1) 여자는 무엇을 찾아요? 쓰세요.

What is the woman looking for? Write down the answer.

2) 들은 내용과 같으면 ◯, 다르면 ✕에 표시하세요.

Mark ◯ if the statement is true and ✕ if the statement is false.

① 남자는 은행의 위치를 몰라요. ◯ ✕

② 여자는 밖으로 나가서 오른쪽으로 갈 거예요. ◯ ✕

읽어요

1 다음은 도서관을 소개하는 글입니다. 잘 읽고 질문에 답해 보세요.

The following passage is about the library. Read carefully and answer the questions.

저는 학교 도서관에 자주 가요. 도서관은 학교 정문으로 들어가서 오른쪽으로 가면 돼요. 1층하고 2층에는 책이 정말 많아요. 그리고 3층에는 컴퓨터가 있어서 영화도 봐요. 저는 보통 2층으로 올라가서 공부를 해요. 지하 1층에는 자동판매기하고 정수기가 있고 의자도 있어요. 저는 거기에서 친구하고 이야기도 하고 쉬어요.

1) 도서관은 어디에 있어요? 쓰세요.

Where is the library? Write down the answer.

2) 읽은 내용과 같으면 ◯, 다르면 ✕에 표시하세요.

Mark ◯ if the statement is true and ✕ if the statement is false.

① 이 사람은 보통 삼 층에서 공부를 해요. ◯ ✕

② 이 사람은 지하 일 층에 내려가서 쉬어요. ◯ ✕

써요

1 여러분은 어디에 자주 가요? 그곳에 대해 글을 써 보세요.
Where do you frequently visit? Write a passage about the place.

1) 다음에 대해 메모하세요.
Write down some keywords about the place.

☆☆ 어디에 자주 가요?

☆☆ 그곳에는 무엇이 있어요?

☆☆ 그것은 어디에 있어요?

☆☆ 거기에서 무엇을 해요?

2) 메모한 내용을 바탕으로 글을 쓰세요.
Based on the keywords, write a passage.

_____

_____

_____

_____

_____

1 여러분은 다음 건물의 2층에 있어요. 건물 안내도를 보고 위치를 묻고 답해 보세요.
Imagine you are on the second floor of the building. Look at the map and ask each other and answer questions about locations.

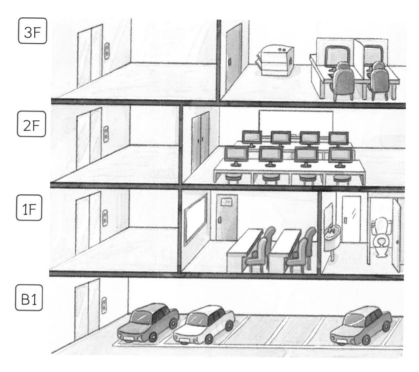

A 1) 다음 시설이 어디에 있어요? 위치를 표시하세요.
Where are they located? Mark their locations.

현금인출기   정수기

2) 친구한테 다음 시설의 위치를 이야기하세요.
Tell your partner the location of the facilities.

현금인출기   정수기

3) 잘 이야기했는지 확인하세요.
Check whether you said it correctly.

4) 친구한테 다음 시설의 위치를 물으세요.
Ask your partner the location of the facilities.

자동판매기   교실

5) 잘 들었는지 확인하세요.
Check whether you heard correctly.

1 여러분은 다음 건물의 2층에 있어요. 건물 안내도를 보고 위치를 묻고 답해 보세요.
Imagine you are on the second floor of the building. Look at the map and ask each other and answer questions about locations.

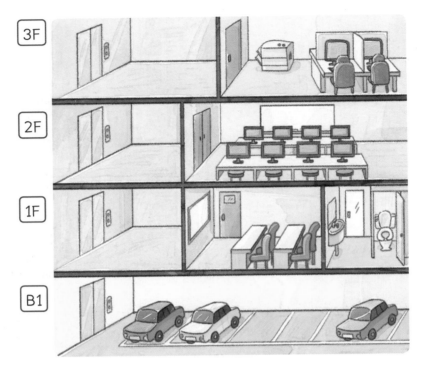

B 1) 다음 시설이 어디에 있어요? 위치를 표시하세요.
   Where are they located? Mark their locations.

   자동판매기   교실

2) 친구한테 다음 시설의 위치를 물으세요.
   Tell your partner the location of the facilities.

   현금인출기   정수기

3) 잘 들었는지 확인하세요.
   Check whether you said it correctly.

4) 친구한테 다음 시설의 위치를 이야기하세요.
   Ask your partner the location of the facilities.

   자동판매기   교실

5) 잘 이야기했는지 확인하세요.
   Check whether you heard correctly.

문화 지하철을 타 봅시다! Let's take the subway!

● 서울에서 모르는 곳을 갈 때에는 지하철을 이용하면 아주 편리해요.
It is quite convenient to take the subway when you go to somewhere for the first time in Seoul.

This is the picture of Korea University's Korean Language Center. Do you know how to get there?

(1) Take Subway Line 6.
(2) Get off at Korea University Station and go to Exit #1.
(3) Turn right, and then right again. If you are not sure how to get there, ask anyone nearby.

● 한국에 오면 고려대학교를 방문해 보세요.
When you come to Korea, visit Korea University.

자기 평가
Self-Check

이번 과 공부는 어땠어요? 별점을 매겨 보세요!
How was this lesson? Please rate it.

시설의 위치를 묻고 답할 수 있어요?

3

여가 생활
Leisure Activities

💡 생각해 봐요 Let's think   031

1 여자는 휴일에 보통 무엇을 해요?
What does the woman usually do during holidays?

2 여러분은 수업이 끝나고 무엇을 해요?
What do you usually do after school?

🚲 **학습 목표** Learning Objectives

여가 생활에 대해 이야기할 수 있다.
You can ask and answer the questions about leisure activities.

● 여가 활동, 빈도
● -(으)러 가다, -(으)ㄹ 때, -는 것

배워요 Let's learn

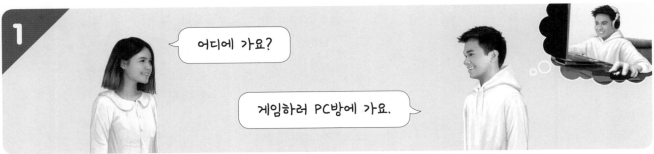

> 어디에 가요?
>
> 게임하러 PC방에 가요.

1) 가 어디에 가요?

    나 커피 마시러 카페에 가요. 같이 갈래요? → together

2) 가 요즘 퇴근 후에 어디 다녀요? → these days

    나 네, 수영 배우러 수영장에 다녀요.

3) 가 한국에 왜 왔어요?

    나 한국어를 배우러 왔어요.

1 다음과 같이 이야기해 봐요.
Practice with your partner as shown below.

① 옷을 사다

② 밥을 먹다

③ 공부하다

④ 사진을 찍다

⑤ 영어를 배우다

⑥ 놀다

⑦ 음악을 듣다

⑧ 선생님한테 물어보다

> 친구를 만나다
>
> 가 뭐 하러 가요?
> 나 친구를 만나러 가요.

- (으)러 가다 ▼ 🔍

• 앞의 행동을 하기 위해 이동함을 나타낸다.

It indicates the goal or purpose of moving somewhere.

• '-(으)러 가다/오다/다니다'의 형태로 주로 사용한다.

It is mainly used in the forms of -(으)러 가다/오다/다니다.

2 다음과 같이 이야기해 봐요.
Practice with your partner as shown below.

가 여기에 뭐 하러 왔어요?

나 저녁을 먹으러 왔어요.

3 여러분은 수업 후에 어디에 자주 가요? 거기에 무엇을 하러 가요? 친구하고 이야기해 봐요.
Where do you often go after school? What do you do there? Ask each other and respond.

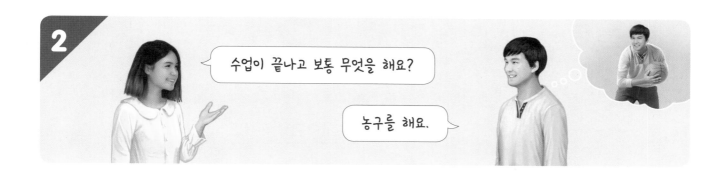

수업이 끝나고 보통 무엇을 해요?

농구를 해요.

드라마를 보다

스마트폰을 하다

운동 경기를 보다

게임을 하다

요가를 하다

자전거를 타다

산책을 하다

농구를 하다

배드민턴을 치다

피아노를 치다　기타를 치다　악기를 배우다

춤을 추다　춤을 연습하다　노래를 부르다

헬스장에 가다

1 다음과 같이 이야기해 봐요.
Practice with your partner as shown below.

가 주말에 보통 뭐 해요?
나 자전거를 타요.

①

②

③

④

⑤

⑥

2 여러분은 수업이 끝난 후에 보통 무엇을 해요? 주말에 보통 무엇을 해요? 친구하고 이야기해 봐요.
What do you usually do after school? What do you usually do on weekends? Ask each other and respond.

시간이 있을 때 뭐 해요?

기타를 쳐요.

1) 가 혼자 있을 때 뭐 해요?
    나 저는 게임을 해요.

2) 가 한국 드라마를 좋아해요?
    나 네. 그런데 요즘은 바빠서 밥 먹을 때만 봐요.
          └→but

3) 가 와! 다니엘 씨 한국 요리도 할 수 있어요?
    나 네, 한국 친구하고 같이 살 때 배웠어요.
              ┌→ 어리다 young
4) 가 어렸을 때부터 여기에서 살았어요?
    나 네, 여기에 처음 왔을 때 열 살이었어요.

- (으)ㄹ 때   🔍

- 어떤 동작이나 상태가 진행되는 순간이나 진행되는 동안을 나타
  낸다.
  It is used to indicate a moment or period of time in which a certain
  action or condition continues.

1 다음과 같이 이야기해 봐요.
Practice with your partner as shown below.

음악을 듣다	가 언제 음악을 들어요?
청소하다	나 청소할 때 들어요.

① 산책을 하다   날씨가 좋다   ② 택시를 타다   바쁘다

③ 부모님이 보고 싶다   아프다   ④ 커피를 마시다   피곤하다

⑤ 친구한테 전화하다   놀고 싶다   ⑥ 청소하다   휴일에 시간이 많다

2 다음과 같이 이야기해 봐요.
Practice with your partner as shown below.

친구하고 놀다	가 친구하고 놀 때 어느 나라 말로 이야기해요?
한국어로	나 친구하고 놀 때 한국어로 이야기해요.
친구하고 놀다	가 친구하고 놀 때 어느 나라 말로 이야기해요?
우리 나라 말로	나 친구하고 놀 때 우리 나라 말로 이야기해요.

① 쇼핑하다

혼자

친구하고

② 빵을 먹다

우유

커피

③ 학교에 오다

버스

지하철

④ 공부하다

사전 ◦➤ dictionary

사전

⑤ 영화를 보다

팝콘 ◦➤ popcorn

팝콘

⑥ 밥을 먹다

스마트폰

스마트폰

3 여러분은 어때요? 위의 내용으로 친구하고 이야기해 봐요.
What about you? Practice with your partner with the examples above.

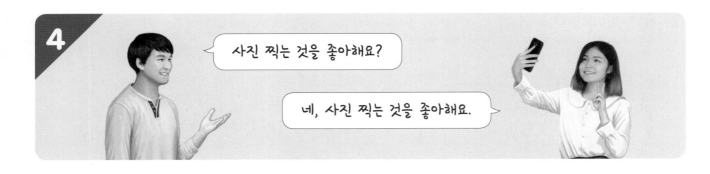

1) 가 다니엘 씨는 취미가 뭐예요?

　　나 제 취미는 자전거를 타는 것이에요.

2) 가 카밀라 씨는 노래 부르는 것을 좋아해요?

　　나 별로 안 좋아해요. 듣는 것은 좋아해요.
　　　　└→ not much

3) 가 김치를 만드는 것이 어려워요?

　　나 아니요, 생각보다 쉬워요.
　　　　　　　└→ than I expected

-는 것 ▼	🔍

- 동사 어간에 붙어 동사를 명사처럼 사용할 수 있게 한다.
  It is attached to the stem of a verb to change it into a gerund.

---

1 다음과 같이 이야기해 봐요.
Practice with your partner as shown below.

> **책을 읽다**
>
> 가 뭐 하는 것을 좋아해요?
> 나 저는 책 읽는 것을 좋아해요.

① 게임을 하다

② 자전거를 타다

③ 노래를 부르다

④ 피아노를 치다

⑤ 드라마를 보다

⑥ 음식을 만들다

⑦ 음악을 듣다

⑧

2 여러분은 어때요? 연결하고 친구하고 이야기해 봐요.
How do you feel about these activities? Match each activity with the appropriate word, and practice with your partner.

가 한국어를 배우는 것이 어때요?
나 한국어를 배우는 것이 어려워요.

① 악기를 배우다

② 쇼핑하다

③ 자전거를 타다

④ 그림을 그리다

⑤ 한국에서 살다

⑥ 저기 갈래요? 좋아요.
한국말로 이야기하다

⑦ 혼자 밥을 먹다

⑧ ?

재미있다

재미없다

어렵다

쉽다

힘들다

3 다음과 같이 이야기해 봐요.
Practice with your partner as shown below.

영화를 보다

가 취미가 뭐예요?
나 제 취미는 영화를 보는 거예요.

① 요가를 하다
② 농구를 하다
③ 배드민턴을 치다
④ 피아노를 치다
⑤ 노래방에 가다
⑥ 산책을 하다
⑦ 그림을 그리다
⑧

5 농구를 자주 해요?

네, 자주 해요.

빈도 frequency

		월	화	수	목	금	토	일
자주		1	2	3	4	5	6	7
가끔		8	9	10	11	12	13	14
거의 안		15	16	17	18	19	20	21
전혀 안		22	23	24	25	26	27	28
		29	30	31				

1 다음과 같이 이야기해 봐요.
Practice with your partner as shown below.

> 책을 읽다
>
> 전혀
>
> 가 책을 자주 읽어요?
> 나 아니요, 전혀 안 읽어요.

① 수영을 하다 　 가끔

② 음식을 만들다 　 전혀

③ 쇼핑하다 　 가끔

④ 운동하다 　 거의

⑤ 라면을 먹다 　 자주

⑥ 커피를 마시다 　 전혀

⑦ 박물관에 가다 　 거의

⑧ 빨래하다 　 자주

2 여러분은 다음을 자주 해요? 자주 안 해요? 친구하고 이야기해 봐요.
Do you frequently/occasionally? Ask each other and respond.

한 번 더 연습해요 Let's practice again

1 다음 대화를 들어 보세요.
Listen to the conversation.

1) 무함마드 씨는 시간이 있을 때 무엇을 해요?
What does Muhammad do in his free time?

2) 두 사람은 무엇에 대해 이야기해요?
What do they talk about?

2 다음 대화를 연습해 보세요.
Practice the conversations below with your partner.

 무함마드 씨는 시간이 있을 때 보통 뭐 해요?

저는 친구들하고 노래방에 자주 가요.

 노래하는 것을 좋아해요?

네, 좋아해요.
나쓰미 씨는 수업이 끝난 후에 보통 뭐 해요?

 저는 집에 있는 것을 좋아해요.
그래서 집에서 책도 읽고 드라마도 봐요.

3 여러분도 이야기해 보세요.
Ask each other questions and respond.

1)

가	악기를 연주하다
	피아노를 치다, 기타를 치다
나	영화관에 가다

2)

가	집에 있다
	요가를 하다, 스마트폰을 하다
나	수영장에 가다

3)

가	운동을 하다
	배드민턴을 치다, 농구를 하다
나	PC방에 가다

이제 해 봐요 Let's try

들어요

1 다음은 여가 생활에 대한 대화입니다. 잘 듣고 질문에 답해 보세요.
Here is a conversation about leisure. Listen carefully and answer the questions.

1) 남자는 시간이 있을 때 무엇을 해요? 고르세요.
How does the man spend his spare time? Choose the correct answer.

① 　② 　③ 　④

2) 들은 내용과 같으면 ◯, 다르면 ✕에 표시하세요.
Mark ◯ if the statement is true and ✕ if the statement is false.

① 여자는 요리를 자주 해요.　　　◯　✕

② 여자는 남자의 요리를 전에 먹었어요.　　◯　✕

1 다음은 취미를 소개하는 글입니다. 잘 읽고 질문에 답해 보세요.
The passage is about the person's hobby. Read carefully and answer the questions.

읽어요

> 　제 취미는 피아노를 치는 거예요. 저는 다섯 살 때 피아노를 처음 배웠어요. 그때부터 저는 피아노 치는 것이 좋았어요. 고향에 있을 때는 자주 피아노를 쳤어요. 지금은 피아노가 없어서 못 쳐요.
> 　지난 주말에는 피아노 콘서트에 갔어요. 피아노 를 들어서 너무 좋았어요. 앞으로도 자주 콘서트에 가려고 해요.
> 　　　　　　　　　　　　　　　　　　　　└→ sound

1) 이 사람의 취미는 무엇이에요?
What is the person's hobby?

2) 읽은 내용과 같으면 ◯, 다르면 ✕에 표시하세요.
Mark ◯ if the statement is true and ✕ if the statement is false.

① 지금 이 사람의 집에는 피아노가 없어요.　　　　　◯　✕

② 이 사람은 지난 주말에 콘서트에서 피아노를 쳤어요.　◯　✕

1 취미에 대해 친구들하고 이야기해 보세요.
Ask and respond to questions about each other's hobby.

말해요

1) 여러분의 취미는 뭐예요? 메모하세요.
What is your hobby? Write down some keywords.

2) 친구의 취미에 대해 물어볼 거예요. 무엇을 질문할 거예요? 생각해 보세요.
What do you want to ask your partner about his/her hobby? Let's think.

취미? 　얼마나 자주? 　누구하고? 　언제부터? 　어디에서?

3) 친구하고 취미에 대해 이야기하세요.
Ask and respond to questions about each other's hobby.

1 여러분의 취미를 소개하는 글을 써 보세요.
Write a passage introducing your hobby.

써요

1) 다음에 대해 메모하세요.
Take a note of the following.

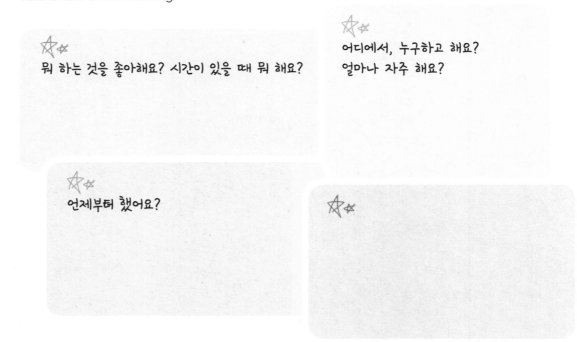

2) 메모한 내용을 바탕으로 글을 쓰세요.
Based on the keywords, write a passage.

_____

_____

_____

_____

_____

문화 한국인의 여가 시간 Koreans' leisure activities

● 여러분은 여가 시간을 어떻게 보내요? 한국인은 어떻게 보낼까요?
How do you spend your free time? What do Koreans do in their spare time?

Spare time means the time during which you do not have to work, study, sleep, eat, or any other essential daily activities.

According to a survey, the most popular form of recreational activity among Koreans was watching TV, followed by browsing the Internet, updating or checking social media posts, playing games, and taking a walk. Spending free time alone, which was on the rise among Koreans, stood at 59.8% while spending time together with family was 29.7%, showing a downward trend.

✓ 한국인의 여가 활동

TV 시청 인터넷/SNS 게임 산책

✓ 누구하고

기타 10.5%

가족과 함께 29.7%

혼자 59.8%

● 여러분은 여가 시간에 보통 무엇을 해요? 한국인하고 비슷해요?
How do you spend your free time? Is it similar to that of Koreans?

자기 평가
Self-Check

이번 과 공부는 어땠어요? 별점을 매겨 보세요!
How was this lesson? Please rate it.

여가 생활에 대해 이야기를 할 수 있어요?

4

건강
Health

💡 생각해 봐요 Let's think   041

1 나쓰미 씨는 지금 어때요?
How is Natsumi feeling now?

2 여러분은 요즘 건강이 어때요?
How are you feeling these days?

🚲 **학습 목표** Learning Objectives

건강 상태에 대해 묻고 답할 수 있다.
You can ask and answer the questions about your health.

● 몸, 건강
● -(으)면, -아도/어도/여도 되다, -(으)면 안 되다

배워요 Let's learn

1 몸 body ▼ 🔍

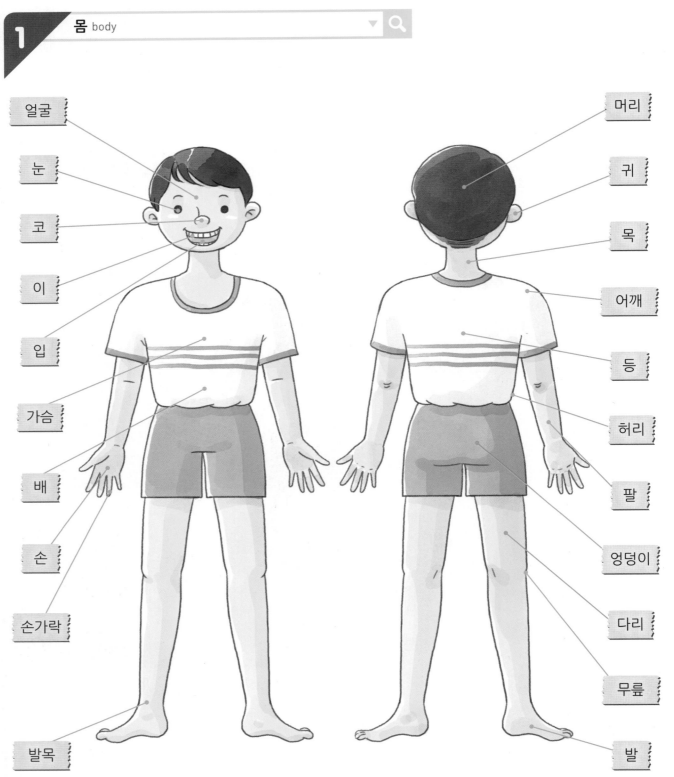

얼굴

눈

코

이

입

가슴

배

손

손가락

발목

머리

귀

목

어깨

등

허리

팔

엉덩이

다리

무릎

발

1 다음과 같이 이야기해 봐요.
Practice with your partner as shown below.

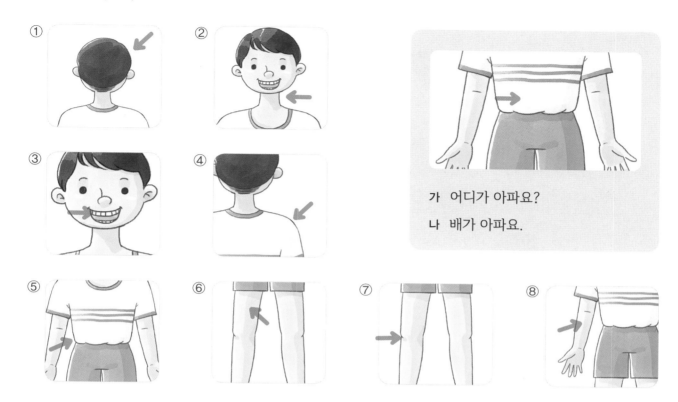

가 어디가 아파요?

나 배가 아파요.

2 여러분은 어디가 자주 아파요? 친구하고 이야기해 봐요.
Do you often feel sick? Where? Ask each other and respond.

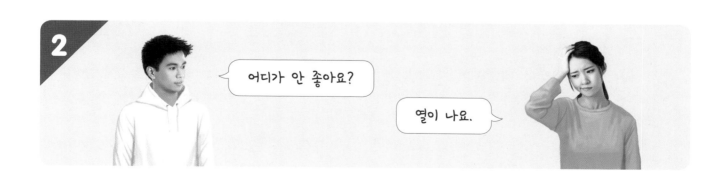

어디가 안 좋아요?

열이 나요.

열이 나다

기침을 하다

콧물이 나다

감기에 걸리다

배탈이 나다

*다리*를 다치다

머리가 아프다

알레르기가 심하다

*생리통*이 심하다

얼굴에 뭐가 나다

잠을 못 자다

- '감기에 걸리다', '배탈이 나다', '다치다'는 보통 '감기에 걸렸어요', '배탈이 났어요', '다쳤어요'로 말해요.
  We usually say 감기에 걸렸어요, 배탈이 났어요, 다쳤어요 for 감기에 걸리다, 배탈이 나다, 다치다.

몸이 안 좋다   피곤하다   괜찮다   건강하다 / 좋다   낫다

1) 가 어디가 안 좋아요?

　　나 요즘 잠을 잘 못 자요.
　　　　　　　　→well

2) 가 감기에 걸렸어요?

　　나 네, 어제부터 열도 나고 기침도 해요.

3) 가 지금도 아파요?

　　나 지금은 괜찮아요. 다 나았어요.

1 다음과 같이 이야기해 봐요.
Practice with your partner as shown below.

①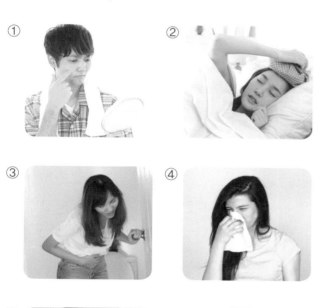

②

③

④

⑤

⑥

⑦

⑧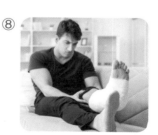

가 어디가 안 좋아요?

나 기침을 해요.

2 여러분은 요즘 건강이 어때요? 어디가 안 좋아요? 친구하고 이야기해 봐요.
How are you feeling these days? Where do you feel sick? Ask each other and respond.

많이 아프면 집에 가세요.

1) 가 머리가 계속 아파요.

나 그래요? 몸이 안 좋으면 오늘은 먼저 가세요.

2) 가 많이 매우면 이 우유를 드세요.

나 네, 고마워요. 너무 매웠어요.

3) 가 커피 더 마실래요?
   → more

나 아니요, 저는 커피를 많이 마시면 잠을 잘 못 자요.

4) 가 내일 자전거 타러 갈 거예요?

나 내일도 날씨가 안 좋으면 안 갈래요.

- (으)면 ▼ Q
• 뒤의 내용에 대한 조건이나 가정을 나타낸다. It indicates the condition for the following clause.

1 다음과 같이 이야기해 봐요.
Practice with your partner as shown below.

많이 피곤하다, 집에 가서 쉬다   가 많이 피곤하면 집에 가서 쉬세요.

① 많이 아프다, 이 약을 먹다
→ medicine

② 목이 아프다, 물을 마시다

③ 몸이 안 좋다, 안에서 기다리다

④ 힘들다, 여기에 앉아서 쉬다

⑤ 배탈이 났다, 이걸 먹다

⑥ 감기에 걸렸다, 먼저 가다

⑦ 그 책이 어렵다, 이 책을 보다

⑧ 같이 가고 싶다, 내일 학교로 오다

2 여러분은 언제 이렇게 돼요? 다음과 같이 이야기해 봐요.
When do you feel like that? Practice with your partner as shown below.

✓ 밥을 많이 먹다   시험이 있다 → exam

밥을 안 먹다   공부를 하다

운동을 많이 하다   음식이 너무 맵다

스마트폰을 계속 보다

커피를 많이 마시다

⋮

밥을 많이 먹으면 배가 아파요.

3 여러분은 다음과 같은 상황이 되면 무엇을 하고 싶어요? 친구하고 이야기해 봐요.
If you are in such a situation as shown below, what do you want to do? Ask each other and respond.

돈이 많다   한국어 공부가 끝나다   가수가 되다

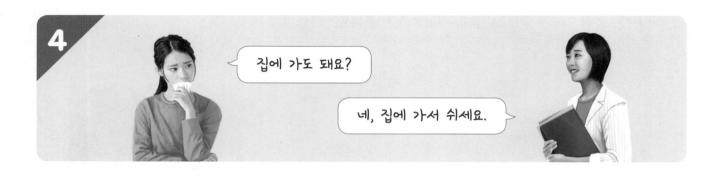

4

집에 가도 돼요?

네, 집에 가서 쉬세요.

1) 가 지금 화장실에 가도 돼요?
    나 네, 가도 돼요.

2) 가 많이 피곤하면 저기에서 쉬어도 돼요.
    나 아니요, 괜찮아요. 별로 안 피곤해요.

3) 가 배고프면 먼저 먹어도 돼요.
        → 배고프다 hungry
    나 아니에요. 웨이 씨가 오면 같이 먹을래요.

4) 가 이 지우개 좀 써도 돼요?
        → 쓰다 use
    나 네, 쓰세요.

-아도/어도/여도 되다   🔍

- 행동의 허락이나 허용을 나타낸다.
  It is used to either ask or tell someone it is okay to do something.

1 다음과 같이 이야기해 봐요.

Practice with your partner as shown below.

① 좀 쉬다
② 이 물을 마시다
③ 사진을 찍다
④ 먼저 가다
⑤ 지금 들어가다
⑥ 이 컴퓨터를 쓰다
⑦ 여기에서 먹다
⑧ 여기 좀 구경하다

여기에 앉다

가 여기에 앉아도 돼요?

나 네, 앉으세요.

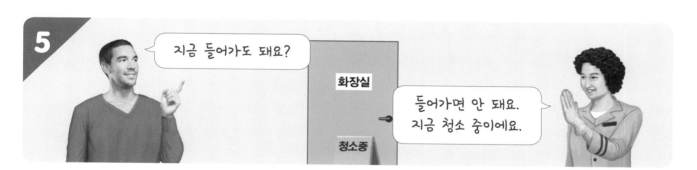

지금 들어가도 돼요?

화장실

들어가면 안 돼요.
지금 청소 중이에요.

청소중

1) 가 그렇게 술을 많이 마시면 안 돼요. _alcohol_

나 네, 알겠어요.

2) 가 여기에서 음식을 먹어도 돼요?

나 여기에서 먹으면 안 돼요. 저쪽에서 드세요.

3) 가 여기에서 사진을 찍을 수 있어요?

나 여기에서는 찍으면 안 돼요.

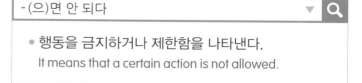

-(으)면 안 되다

• 행동을 금지하거나 제한함을 나타낸다.
  It means that a certain action is not allowed.

1 **다음과 같이 이야기해 봐요.**
Practice with your partner as shown below.

> 오늘은 운동을 하다
>
> 가 오늘은 운동을 하면 안 돼요.
>
> 나 네, 알겠어요.

① 내일 늦게 오다
② 오늘은 일을 많이 하다
③ 커피를 많이 마시다
④ 여기에 앉다
⑤ 여기에 들어가다
⑥ 여기에서 음악을 듣다
⑦ 그렇게 매일 놀다
⑧ 오늘은 술을 마시다

2 **다음을 해도 돼요? 친구하고 이야기해 봐요.**
Can I do as shown below? Ask each other and respond.

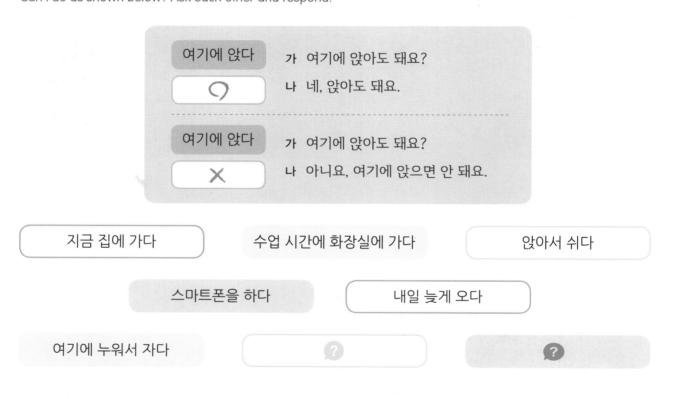

> 여기에 앉다 / ○
>
> 가 여기에 앉아도 돼요?
>
> 나 네, 앉아도 돼요.
>
> 여기에 앉다 / ×
>
> 가 여기에 앉아도 돼요?
>
> 나 아니요, 여기에 앉으면 안 돼요.

- 지금 집에 가다
- 수업 시간에 화장실에 가다
- 앉아서 쉬다
- 스마트폰을 하다
- 내일 늦게 오다
- 여기에 누워서 자다
- ?
- ?

3 **몸이 안 좋을 때 무엇을 하면 안 돼요? 무엇을 해도 돼요? 친구하고 이야기해 봐요.**
When you feel sick, what can you do? What can you not do? Ask each other and respond.

한 번 더 연습해요 Let's practice again

1 다음 대화를 들어 보세요.
Listen to the conversation.

1) 웨이 씨는 어디가 아파요?
   Where does Wei feel sick?

2) 웨이 씨는 먼저 가도 돼요?
   Can Wei leave now?

2 다음 대화를 연습해 보세요.
Practice the conversations below with your partner.

 웨이 씨, 어디 아파요? 얼굴이 안 좋아요.

감기에 걸려서 몸이 좀 안 좋아요.
먼저 집에 가도 돼요?

 많이 힘들면 먼저 가도 돼요.

3 여러분도 이야기해 보세요.
Ask each other questions and respond.

1) 나

배탈이 나다, 몸이 안 좋다
지금 집에 가다

2) 나

어제 잠을 못 자다, 피곤하다
저기에서 좀 쉬다

3) 나

알레르기가 심하다, 힘들다
내일 학교에 안 오다

이제 해 봐요 Let's try

 들어요

1 다음은 건강에 대한 대화입니다. 잘 듣고 질문에 답해 보세요.
The conversation is about health. Listen carefully and answer the questions.

1) 남자는 오늘 왜 학교에 안 왔어요? 고르세요.
Why didn't he go to school? Choose the correct answer.

① 다리를 다쳐서 　　　　② 허리가 아파서 　　　　③ 병원에 있어서

2) 의사 선생님이 남자한테 무슨 이야기를 했어요? 쓰세요.
What did the doctor say to him? Write the answer.

말해요

1 어디가 아픈지, 어떻게 하고 싶은지 친구하고 이야기해 보세요.
Practice with your partner about where you feel sick and what you want to do.

1) 다음 그림을 보고 생각해 보세요.
Look at the pictures and think about the questions.

● 어디가 아파요?

● 어떻게 하고 싶어요?

2) A와 B가 되어 이야기하세요.
Play the roles of A and B with your partner.

1 다음은 건강에 대해 쓴 글입니다. 잘 읽고 질문에 답해 보세요.
The passage is about health. Read carefully and answer the questions.

읽어요

> 요즘 한국은 아주 추워요. 어제 저녁부터 저는 머리가 아프고 기침을 했어요. 기침을 많이 해서 잠을 못 잤어요. 오늘 아침에는 열도 났어요. 그래서 학교에 안 가고 병원에 갔어요. 지금은 약을 먹고 집에서 쉬고 있어요. 내일은 학교에 가고 싶어요.

1) 이 사람은 왜 학교에 못 갔어요? 모두 고르세요.
Why couldn't the person go to school? Choose all the correct answers.

①  ②   ③   ④

2) 읽은 내용과 같으면 ○, 다르면 ✗에 표시하세요.
Mark ○ if the statement is true and ✗ if the statement is false.

① 이 사람은 어제부터 아팠어요. ○ ✗

② 이 사람은 지금 병원에 있어요. ○ ✗

써요

1 여러분은 어디가 자주 아파요? 아프면 어떻게 해요? 의사 선생님한테 물어보세요.
Do you feel sick frequently? Where? What do you usually do if you feel sick? Ask the doctor.

1) 의사 선생님한테 무엇을 물어볼 거예요? 메모하세요.
What would you ask the doctor? Write some keywords.

어디가? 어떻게?	언제? 무엇을 하면?

2) 메모한 내용을 바탕으로 글을 쓰세요.
Based on the keywords, write a passage.

문화 아플 때는 여기로! Visit here when you feel sick!

● **한국에도 많은 약국과 병원이 있어요. 아플 때는 여기로 찾아가세요.**
There are plenty of pharmacies and hospitals in Korea. If you are sick, visit these places.

This is a pharmacy. However, it closes late at night or during holidays. You can buy some non-prescription drugs at convenience stores.

If you are seriously ill, you should go to the hospital. If you catch a cold, go to the ear-nose-and-throat clinic (이비인후과) or internal medicine clinic (내과). If you have a toothache, go to the dental clinic (치과). If you get injured or have a sprain, go to the orthopedic clinic (정형외과).

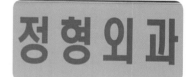

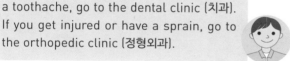

Do you know what a traditional medicine clinic (한의원) is? This is a clinic that treats patients using traditional Korean therapies. They offer herbal medicine or acupuncture to relieve pain.

● **한국에서 혹시 아프면 걱정하지 말고 병원에 가 보세요.**
If you feel sick in Korea, don't worry and go to a hospital.

자기 평가
Self-Check

이번 과 공부는 어땠어요? 별점을 매겨 보세요!
How was this lesson? Please rate it.

건강 상태에 대해 묻고 답할 수 있어요?	☆ ☆ ☆ ☆ ☆

5

좋아하는 것
Favorites

생각해 봐요 Let's think   051

1 나쓰미 씨는 여기를 왜 안 좋아해요?
Why doesn't Natsumi like this place?

2 여러분은 어떤 곳을 좋아해요?
Where do you like to go?

학습 목표 Learning Objectives

좋아하는 것에 대해 묻고 답할 수 있다.
You can ask and answer the questions about favorites.

- 특징 1, 특징 2
- -지만, -(으)면 좋겠다, -는/(으)ㄴ

배워요 Let's learn

1

그 친구는 어때요?

체격이 커요.

| 체격이 크다 | 체격이 작다 | 키가 크다 | 키가 작다 |

| 뚱뚱하다 | 보통이다 | 날씬하다 | 마르다 |

| 어깨가 넓다 | 어깨가 좁다 | 손가락이 굵다 | 손가락이 가늘다 |

머리가 길다

머리가 짧다

귀엽다 멋있다 예쁘다

잘생기다 못생기다

• '마르다', '잘생기다', '못생기다'는 보통 '말랐어요', '잘생겼어요', '못생겼어요'로 말해요.
We usually say 말랐어요, 잘생겼어요, 못생겼어요 for 마르다, 잘생기다, 못생기다.

1 다음과 같이 이야기해 봐요.
Practice with your partner as shown below.

가 그 사람은 어때요?
나 키가 크고 말랐어요.

①

②

③

④

2 여러분은 가수, 배우를 많이 알아요? 그 사람들은 어때요? 친구하고 이야기해 봐요.
Do you know many singers and actors? How would you describe them? Ask each other and respond.

똑똑하다   착하다   성격이 좋다   성격이 안 좋다   이상하다

1) 가 지아 씨는 성격이 어때요?
   나 좋아요. 아주 착해요.

2) 가 저 사람 어때요?
   나 좀 이상해요.

3 여러분의 친구는 어때요? 친구하고 이야기해 봐요.
How would you describe your friend? Ask each other and respond.

• 자신의 생각과 상대방의 생각이 같은지 확인하고 싶을 때 '-지요?'로 물어요.
-지요? is used to confirm whether the hearer agrees with what you believe is true.

가 웨이 씨는 중국 사람이지요?
나 네, 중국 사람이에요.

가깝다

멀다

넓다

좁다

밝다

어둡다

깨끗하다

더럽다

조용하다

시끄럽다

편하다

불편하다

가볍다

무겁다

뜨겁다

차갑다

1) 가 학교에서 집이 멀어요?

    나 아니요, 가까워요.

2) 가 여기 조금 시끄럽지요?

    나 네, 우리 다른 카페에 갈래요?
       └─→ another

1 다음과 같이 이야기해 봐요.
Practice with your partner as shown below.

집

가 집이 밝지요?

나 네, 아주 밝아요.

① 집

② 물

③ 노트북
laptop computer ◄

④ 집

⑤ 옷

⑥ 도서관

⑦ 교실

⑧ 식당

⑨ 화장실

2 우리 학교는 어때요? 친구하고 이야기해 봐요.
How would you describe our school? Ask each other and respond.

교실   책상   의자   칠판   화장실

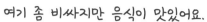

3

여기 좀 비싸지만 음식이 맛있어요.

그래요? 뭐가 제일 맛있어요?

1) 가 집은 어때요?

　나 학교에서 좀 멀지만 방이 넓어요.

2) 가 노래방에 자주 가요?

　나 아니요, 음악을 듣는 것은 좋아하지만 노래하는 것은 싫어해요.

3) 가 미아 씨하고 지아 씨는 기숙사에 살지요? →dormitory

　나 아니요, 저는 기숙사에 살지만 지아 씨는 기숙사에 안 살아요.

- 지만 　　　　　　　　　　　　　　　　　　　　　　　　　▼ 🔍
• 앞의 내용이 뒤의 내용과 반대됨을 나타낸다. It is used to make a statement that contradicts or contrasts with what was just said.

1 다음과 같이 이야기해 봐요.
Practice with your partner as shown below.

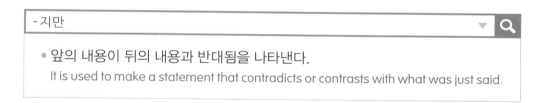

떡볶이	가 떡볶이 어때요?
맵다, 맛있다	나 맵지만 맛있어요.

① 그 식당 ─ 음식이 맛있다, 비싸다

② 기숙사 ─ 학교에서 가깝다, 좁다

③ 그 헬스장 ─ 집에서 멀다, 깨끗하다

④ 요가하는 것 ─ 재미있다, 힘들다

⑤ 춤 연습하는 것 ─ 잘 못하다, 재미있다

⑥ 알리 씨 ─ 학교에 잘 안 오다, 한국어를 잘하다

2 다음과 같이 이야기해 봐요.
Practice with your partner as shown below.

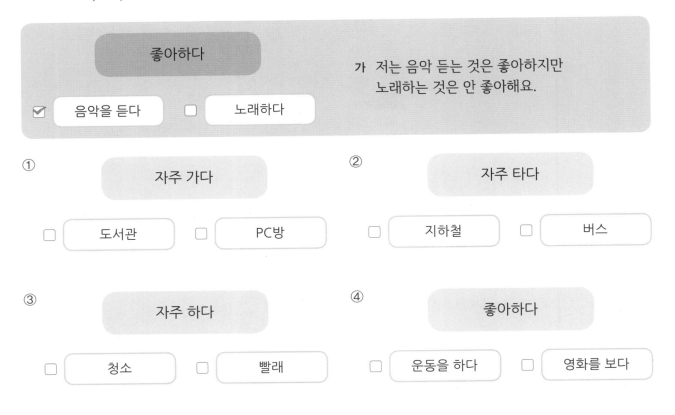

좋아하다

가 저는 음악 듣는 것은 좋아하지만
　　노래하는 것은 안 좋아해요.

☑ 음악을 듣다　　☐ 노래하다

① 자주 가다
　☐ 도서관　　☐ PC방

② 자주 타다
　☐ 지하철　　☐ 버스

③ 자주 하다
　☐ 청소　　☐ 빨래

④ 좋아하다
　☐ 운동을 하다　　☐ 영화를 보다

3 한국 생활은 어때요? 친구하고 이야기해 봐요.
What is your life like in Korea? Ask each other and respond.

한국어 공부　　　　한국 음식　　　　한국 친구

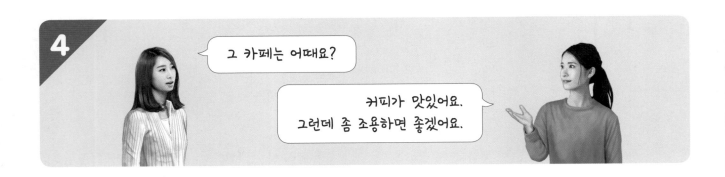

그 카페는 어때요?

커피가 맛있어요.
그런데 좀 조용하면 좋겠어요.

1) 가 그 노트북 좋아요?

   나 네. 그런데 좀 가벼우면 좋겠어요.

2) 가 지금 집이 불편해서 다른 집을 찾으려고 해요.   ↱ 찾다 look for

   나 집이 어떠면 좋겠어요?

3) 가 한국에서 뭘 하고 싶어요?

   나 여행을 하고 싶어요. 그리고 한국 친구를 많이 사귀면 좋겠어요.

              ↱ by any means

4) 가 올해 꼭 대학교에 들어갔으면 좋겠어요.

   나 저도 그랬으면 좋겠어요.

- (으)면 좋겠다   ▽   🔍

- 바람이나 기대를 나타낸다.
  This expresses the speaker's desire, wish, or expectation.

- '–았으면/었으면/였으면 좋겠다'를 사용하기도 한다.
  We also say - 았으면/었으면/였으면 좋겠다.

- '어떠면'은 '어떻다'의 '-(으)면' 형태예요.
  어떻다 is changed into 어떠면 when conjugated with -(으)면.
  어떻다-어때요?-어떠면 좋겠어요?

---

1 **다음과 같이 이야기해 봐요.**
Practice with your partner as shown below.

① 방   밝다

② 방   깨끗하다

③ 방   학교에서 가깝다

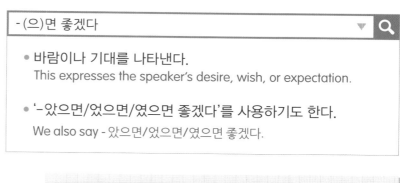

방
조용하다

가 방이 어땠으면 좋겠어요?
나 조용했으면 좋겠어요.

④ 날씨   맑다   ⑤ 날씨   안 춥다

⑥ 날씨   비가 안 오다   ⑦ 친구   재미있다

⑧ 고향 친구   한국어를 할 수 있다   ⑨ 친구

2 다음과 같이 이야기해 봐요.
Practice with your partner as shown below.

책

가 책이 어때요?

나 좀 어려워요. 쉬우면 좋겠어요.

①
집

②
옷

③
음식

④
체격

3 다음이 어떠면 좋겠어요? 친구하고 이야기해 봐요.
What do you hope they would be like? Ask each other and respond.

우리 교실   요즘 날씨   옆 친구

어떤 사람을 좋아해요?

재미있고 성격이 좋은 사람을 좋아해요.

1) 가 영화는 재미있었어요?
   나 아주 재미있었어요. 잘생긴 남자 배우도 나왔고요.

2) 가 나쓰미 씨는 한국 친구가 많아요?
   나 별로 없어요. 취미가 같은 친구가 있었으면 좋겠어요.
   └→ 같다 same

3) 가 근처에 냉면이 맛있는 식당을 알아요?
   나 네, 학교 정문 앞에 하나 있어요.

4) 가 커피 하나 주세요.
   나 따뜻한 커피, 차가운 커피 어느 것으로 드릴까요?

5) 가 지금 사는 집은 마음에 들어요?
   나 네, 방이 커서 좋아요.
   └→ 마음에 들다 like

-는/(으)ㄴ   ▼ 🔍

• 뒤에 오는 명사를 수식한다. 그 동작이나 상태가 현재임을 나타낸다.

It is added to the stem of a verb and adjective to indicate the action and condition is present tense and modify the following noun.

	동사, '있다, 없다'	-는	먹는 재미있는
형용사	받침이 있을 때	-은	작은
	받침이 없거나 'ㄹ' 받침일 때	-ㄴ	큰 긴

• '어떤'은 '어떻다'의 '-는/(으)ㄴ' 형태예요.
어떻다 is changed into 어떤 when conjugated with -는/(으)ㄴ.

1 다음과 같이 이야기해 봐요.
Practice with your partner as shown below.

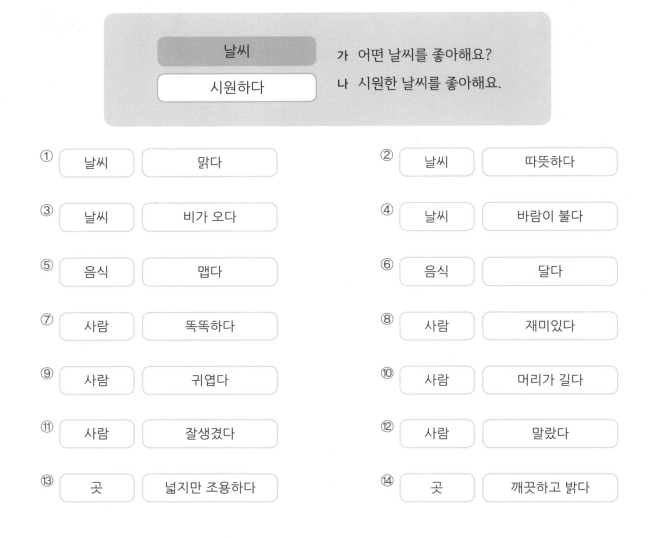

> 날씨
>
> 시원하다
>
> 가 어떤 날씨를 좋아해요?
>
> 나 시원한 날씨를 좋아해요.

① 날씨 / 맑다

② 날씨 / 따뜻하다

③ 날씨 / 비가 오다

④ 날씨 / 바람이 불다

⑤ 음식 / 맵다

⑥ 음식 / 달다

⑦ 사람 / 똑똑하다

⑧ 사람 / 재미있다

⑨ 사람 / 귀엽다

⑩ 사람 / 머리가 길다

⑪ 사람 / 잘생겼다

⑫ 사람 / 말랐다

⑬ 곳 / 넓지만 조용하다

⑭ 곳 / 깨끗하고 밝다

2 다음에 대해 친구하고 이야기해 봐요.
Practice with your partner as shown below.

> 가 어떤 사람을 사귀고 싶어요?
>
> 나 저는 체격이 크고 운동을 잘하는 사람을 만나고 싶어요.

● 어떤 사람을 사귀고 싶어요?

● 어떤 집에서 살고 싶어요?

● 어떤 곳에서 공부하고 싶어요?

● 어떤 곳에 놀러 가고 싶어요?

● 어떤 것을 사고 싶어요?

● 어떤 것을 먹고 싶어요?

한 번 더 연습해요 Let's practice again

1 다음 대화를 들어 보세요.
Listen to the conversation.

1) 카밀라 씨는 어떤 사람을 만나고 싶어 해요?
What kind of person does Camila want to meet?

2) 하준 씨는 어떤 사람을 만나고 싶어 해요?
What kind of person does Hajun want to meet?

2 다음 대화를 연습해 보세요.
Practice the conversations below with your partner.

 카밀라 씨는 어떤 사람을 만나고 싶어요?

저는 재미있고 착한 사람을 만나고 싶어요.
하준 씨는요?

 저는 게임하는 것을 좋아해요.
그래서 게임을 좋아하는 사람을 만나고 싶어요.

3 여러분도 이야기해 보세요.
Ask each other questions and respond.

1) 사람, 만나다

| 가 | 영화를 좋아하다 | 나 | 똑똑하다, 잘생겼다 |

2)
사람, 만나다

| 가 | 한국어가 어렵다
한국어를 잘하다 | 나 | 예쁘다, 성격이 좋다 |

3)
사람, 만나다

| 가 | 맛집에 가는 것이 취미이다
먹는 것을 좋아하다 | 나 | 키가 크다, 운동을 잘하다 |

4)
집, 살다

| 가 | 조용한 것을 좋아하다
조용하다 | 나 | 깨끗하다, 학교에서 가깝다 |

5)
집, 살다

| 가 | 지금 집이 비싸다
싸다 | 나 | 넓다, 밝다 |

이제 해 봐요 Let's try

들어요

1 다음은 좋아하는 것에 대한 대화입니다. 잘 듣고 질문에 답해 보세요.
The conversation is about favorites. Listen carefully and answer the questions.

1) 들은 내용과 같으면 ○, 다르면 ✗에 표시하세요.
Mark ○ if the statement is true and ✗ if the statement is false.

① 남자는 더운 날씨를 싫어해요.　　　○　✗

② 두 사람은 남자가 아는 식당에 갈 거예요.　　　○　✗

2) 두 사람이 이야기하고 있는 식당은 어떤 곳이에요?
What restaurant are they talking about?

읽어요

1 다음은 좋아하는 장소에 대해 쓴 글입니다. 잘 읽고 질문에 답해 보세요.
The passage is about a favorite place. Read carefully and answer the questions.

> 여러분은 어떤 곳에 자주 가요? 저는 학교 근처에 있는 KU카페에 자주 가요. 거기에는 공부하는 사람, 친구하고 이야기하는 사람, 영화를 보는 사람도 있어요. 카페에 사람이 많지만 조용해요. 그리고 편한 의자하고 맛있는 커피가 있어요. 학교 근처에 카페가 많지만 저는 조용한 이 카페가 좋아요.

1) 이 사람이 자주 가는 곳은 어디예요?
Where does the person often go?

2) 왜 그곳에 자주 가요?
Why does the person often go there?

말해요

1 여러분의 친구들은 어떤 것을 좋아할까요? 친구들하고 이야기해 보세요.
What do your partners like? Ask each other and respond.

1) 어느 쪽이 좋아요? 좋아하는 것에 ✔표 하세요.
Which one do you prefer? Check the things you prefer.

장소	☐ 어둡다	☐ 밝다
	☐ 조용하다	☐ 시끄럽다
	☐ 사람이 많다	☐ 사람이 적다
	☐ 집에서 가깝다	☐ 집에서 멀다
	☐	☐

날씨	☐ 비가 오다	☐ 눈이 오다
	☐ 덥다	☐ 춥다
	☐ 맑다	☐ 흐리다
	☐	☐

사람	☐ 키가 크다	☐ 키가 작다
	☐ 책을 많이 읽다	☐ 운동을 자주 하다
	☐ 말이 없다	☐ 말이 많다
	☐ 머리가 길다	☐ 머리가 짧다
	☐	☐

2) ✔표 한 것을 바탕으로 친구하고 이야기하세요.
Ask each other and talk about the things you checked.

1 여러분이 좋아하는 것에 대해 글을 써 보세요.
Write a passage about your favorite things.

1) 여러분은 어떤 사람을 좋아해요? 어떤 날씨, 음식을 좋아해요? 그리고 뭐 하는 것을 좋아해요?
   메모하세요.
   What kind of person do you like? What kind of weather and food do you like? What do you like to
   do? Write them down.

2) 메모한 내용을 바탕으로 글을 쓰세요.
   Based on the keywords, write a passage.

발음 소리 내어 읽기 1 Read aloud 1

- 다음을 읽어 보세요. 시간이 얼마나 걸렸어요? **(054)**
  Read the passage below. How long did it take?

1)

> 　저는 게임을 아주 좋아해요. 컴퓨터로도 하고 휴대폰으로도 게임을 자주 해요. 혼자 할 때도 있지만 친구하고 같이 할 때가 더 많아요. 고향에서도 많이 했지만 한국에 와서 더 자주 하는 것 같아요. 한국은 인터넷이 잘되어 있어서 게임을 할 때 더 편해요.

2)

> 　제가 좋아하는 사람은 목소리가 좋은 사람이에요. 얼굴이 조금 못생겨도 괜찮고, 키가 작아도 괜찮아요. 목소리가 좋으면 다 멋있어 보여요. 목소리가 좋은 사람이 노래도 잘 부르면 더욱 멋있지요. 여러분 주위에 목소리가 좋은 사람이 있으면 저에게 소개해 주세요.

- 다시 읽어 보세요. 이번에는 틀리지 말고 정확히 읽어 보세요.
  Read it again. Read it carefully this time without making any mistakes.

- 다시 읽어 보세요. 이번에는 30초 안에 읽어 보세요.
  Read it again within 30 seconds.

자기 평가
Self-Check

이번 과 공부는 어땠어요? 별점을 매겨 보세요!
How was this lesson? Please rate it.

좋아하는 것에 대해 묻고 답할 수 있어요?	

정답

1과 자기소개

들어요

1) **지금**: 어학원에서 한국어를 공부하고 있어요.
   앞으로: 한국어 선생님이 되고 싶어 해요.
2) ②

읽어요

1) 회사원이에요.
2) 독일 대학에서 한국어를 배웠어요.
3) 독일에 가려고 해요.

2과 위치

들어요

1) 현금인출기
2) ① ✗   ② ◯

읽어요

1) 학교 정문으로 들어가서 오른쪽에 있어요.
2) ① ✗   ② ◯

3과 여가 생활

들어요

1) ④
2) ① ✗   ② ✗

읽어요

1) 피아노를 치는 것이에요.
2) ① ◯   ② ✗

4과 건강

들어요

1) ②
2) 학교에 가면 안 돼요. 집에서 쉬세요.

읽어요

1) ②, ③
2) ① ◯   ② ✗

5과 좋아하는 것

들어요

1) ① ◯   ② ✗
2) 냉면이 맛있는 식당이에요. 가까워요.

읽어요

1) KU카페
2) 조용하고, 편한 의자하고 맛있는 커피가 있어서 자주 가요.

듣기 지문

1과　자기소개

011 생각해 봐요

정세진　안녕하세요. 저는 정세진이에요.
강용재　저는 강용재라고 해요. 세진 씨는 무슨 일을 해요?
정세진　저는 한국어 선생님이에요.

012 한 번 더 연습해요

슬기　무슨 일을 해요?
다니엘　지금 회사에 다녀요. 슬기 씨는 대학생이에요?
슬기　네, 지금 4학년이에요. 내년에 미국으로 유학을 가려고 해요.

013 이제 해 봐요

남　안녕하세요? 저는 서하준이에요. 고려대학교 학생이에요.
여　안녕하세요? 저는 하시모토 리나라고 해요. 지금 어학원에서 한국어를 공부하고 있어요.
남　리나 씨는 대학을 졸업했어요?
여　네, 졸업했어요. 하준 씨는 몇 학년이에요?
남　지금 3학년이에요. 졸업 후에는 대학원에 들어가려고 해요. 리나 씨는 한국어 공부를 마친 후에 뭘 할 거예요?
여　한국어 선생님이 되고 싶어요.

2과　위치

021 생각해 봐요

카밀라　화장실이 어디에 있어요?
안내　저기 카페 옆에 있어요.

022 한 번 더 연습해요

카밀라　정수기가 어디에 있어요?
경비원　사무실 옆에 있어요.
카밀라　사무실은 어디에 있어요?
경비원　2층으로 올라가서 오른쪽으로 가면 돼요.

023 이제 해 봐요

여　저기요, 여기에 현금인출기가 있어요?
경비원　아니요, 여기에는 현금인출기가 없어요. 근처에 은행이 있어요.
여　아, 근처에요?
경비원　네, 밖으로 나가서 오른쪽으로 가면 돼요.
여　감사합니다.

3과　여가 생활

031 생각해 봐요

하준　두엔 씨는 휴일에 보통 뭐 해요?
두엔　저는 집에서 드라마를 봐요. 하준 씨는 뭐 해요?
하준　저는 친구들하고 농구를 해요.

032 한 번 더 연습해요

나쓰미　무함마드 씨는 시간이 있을 때 보통 뭐 해요?
무함마드　저는 친구들하고 노래방에 자주 가요
나쓰미　노래하는 것을 좋아해요?
무함다드　네, 좋아해요. 나쓰미 씨는 수업이 끝난 후에 보통 뭐 해요?
나쓰미　저는 집에 있는 것을 좋아해요. 그래서 집에서 책도 읽고 드라마도 봐요.

이제 해 봐요

남   흐엉 씨는 시간이 있을 때 보통 뭐 해요?

여   저는 자전거 타는 것을 좋아해서 자주 한강에 가요. 알리 씨도 자전거를 자주 타요?

남   아니요, 저는 밖에 나가는 것을 싫어해서 그냥 집에 있어요.

여   그래요? 그러면 집에서는 뭐 해요?

남   그냥 운동경기도 보고 가끔 요리도 해요.

여   요리도 해요? 저는 음식을 만드는 게 어려워서 그냥 식당에서 먹는데.

남   저도 처음에는 그랬어요. 그런데 지금은 요리하는 것이 재미있어요.

여   그래요? 다음에 알리 씨 요리를 먹어 보고 싶어요.

4과   건강

(041) 생각해 봐요

웨이   나쓰미 씨, 어디 아파요?

나쓰미   네, 감기에 걸렸어요.

(042) 한 번 더 연습해요

지아   웨이 씨, 어디 아파요? 얼굴이 안 좋아요.

웨이   감기에 걸려서 몸이 좀 안 좋아요. 먼저 집에 가도 돼요?

지아   많이 힘들면 먼저 가도 돼요.

(043) 이제 해 봐요

남학생   여보세요. 선생님. 저 고트라예요.

선생님   아, 고트라 씨. 오늘 학교에 왜 안 왔어요?

남학생   제가 어제 허리를 조금 다쳤어요.

선생님   어머, 괜찮아요? 많이 다쳤어요?

남학생   많이 안 다쳤어요. 어제 병원에 갔다 왔어요. 그런데 의사 선생님이 "학교에 가면 안 돼요. 집에서 쉬세요." 말했어요. 그래서 학교에 안 갔어요.

선생님   그랬어요? 그럼 집에서 잘 쉬세요.

남학생   네, 선생님. 안녕히 계세요.

5과   좋아하는 것

(051) 생각해 봐요

카밀라   나쓰미 씨, 저쪽에 앉을래요?

나쓰미   여기는 사람이 너무 많아서 싫어요. 다른 곳으로 가요.

(052) 한 번 더 연습해요

하준   카밀라 씨는 어떤 사람을 만나고 싶어요?

카밀라   저는 재미있고 착한 사람을 만나고 싶어요. 하준 씨는요?

하준   저는 게임하는 것을 좋아해요. 그래서 게임을 좋아하는 사람을 만나고 싶어요.

(053) 이제 해 봐요

여   앤디 씨, 날씨가 덥지요?

남   네, 정말 더워요. 저는 추운 건 괜찮지만 더운 건 정말 싫어요. 슬기 씨는 어때요?

여   저도 더운 건 안 좋아해요. 그러면 우리 냉면 먹으러 갈래요? 제가 냉면이 맛있는 식당을 알아요.

남   냉면 좋아요. 그런데 그 식당 여기에서 가까워요?

여   네, 가까워요. 여기 근처예요.

남   빨리 가요.

발음

1과   격음화

(014) 1) 가   안녕하세요? 저는 박하나예요.

2) 가   언제 대학에 입학했어요?

나   올해 입학했어요.

(015) 1) 날씨도 좋고 기분도 좋다.

2) 떡하고 밥하고 라면을 먹었어요.

3) 깨끗하고 하얗게 해 주세요.

4) 백화점에 가려고 6호선을 탔어요.

5) 졸업하면 바로 취직할 거예요.

6) 수업 후에 뭐 할 거예요?

5 과   소리 내어 읽기 1

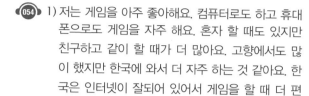

1) 저는 게임을 아주 좋아해요. 컴퓨터로도 하고 휴대폰으로도 게임을 자주 해요. 혼자 할 때도 있지만 친구하고 같이 할 때가 더 많아요. 고향에서도 많이 했지만 한국에 와서 더 자주 하는 것 같아요. 한국은 인터넷이 잘되어 있어서 게임을 할 때 더 편해요.

2) 제가 좋아하는 사람은 목소리가 좋은 사람이에요. 얼굴이 조금 못생겨도 괜찮고, 키가 작아도 괜찮아요. 목소리가 좋으면 다 멋있어 보여요. 목소리가 좋은 사람이 노래도 잘 부르면 더욱 멋있지요. 여러분 주위에 목소리가 좋은 사람이 있으면 저에게 소개해 주세요.

어휘 찾아보기 (단원별)

1과

- **직업**

작가, 화가, 번역가, 통역가, 공무원, 관광 가이드, 기자, 승무원, 한국어를 가르치다, 회사에 다니다, 옷 가게를 하다

- **신상**

유치원, 유치원생, 초등학교, 초등학생, 중학교, 중학생, 고등학교, 고등학생, 대학(교), 대학생, 대학원, 대학원생, 대학교 3학년, 고등학교에 입학하다, 대학교를 졸업하다, 2급을 수료하다, 3급에 올라가다, 유학 중이다, 학교를 그만두다, 취직을 준비하다, 취직하다, 퇴직하다

- **새 단어**

한국어, 영어, 중국어, 일본어, 스페인어, 외국어, 여행사, 학원, 받다(전화를), 영상 통화, 바로, 먼저, 마치다, 이사하다, 근처

2과

- **위치**

위, 아래, 앞, 뒤, 옆, 오른쪽, 왼쪽, 안, 밖

- **시설**

정수기, 자동판매기(자판기), 현금인출기(ATM), 엘리베이터, 에스컬레이터, 계단, 정문, 주차장

- **이동**

위로 올라가다, 아래로 내려가다, 안으로 들어가다, 밖으로 나가다, 저쪽으로 돌아가다, 똑바로 가다

- **새 단어**

문, 창문, 층, 지하, 남자, 여자, 물어보다, 앉다, 서다, 눕다, 소파, PC방(피시방), 노래방, 버스를 타다, 택시, 지하철, 다

3과

- **여가 활동**

드라마를 보다, 운동 경기를 보다, 게임을 하다, 스마트폰을 하다, 요가를 하다, 농구를 하다, 배드민턴을 치다, 헬스장에 가다, 산책을 하다, 자전거를 타다, 악기를 배우다, 기타를 치다, 피아노를 치다, 춤을 추다, 춤을 연습하다, 노래를 부르다

- **빈도**

자주, 가끔, 거의 안, 전혀 안

- **새 단어**

같이, 요즘, 그런데, 어리다, 사전, 팝콘, 별로, 생각보다, 소리

4과

- **몸**

얼굴, 눈, 코, 입, 이, 귀, 머리, 목, 어깨, 가슴, 배, 등, 허리, 엉덩이, 팔, 손, 손가락, 다리, 무릎, 발목, 발

- **건강**

열이 나다, 기침을 하다, 콧물이 나다, 감기에 걸리다, 배탈이 나다, 다리를 다치다, 머리가 아프다, 알레르기가 심하다, 생리통이 심하다, 얼굴에 뭐가 나다, 잠을 못 자다, 몸이 안 좋다, 피곤하다, 괜찮다, 건강하다/좋다, 낫다

- **새 단어**

잘, 더, 약, 시험, 배고프다, 쓰다, 술

5 과

특징 1

체격이 크다, 체격이 작다, 키가 크다, 키가 작다, 뚱뚱하다, 보통이다, 날씬하다, 마르다, 어깨가 넓다, 어깨가 좁다, 손가락이 굵다, 손가락이 가늘다, 머리가 길다, 머리가 짧다, 귀엽다, 멋있다, 예쁘다, 잘생기다, 못생기다, 똑똑하다, 착하다, 성격이 좋다, 성격이 안 좋다, 이상하다

특징 2

가깝다, 멀다, 넓다, 좁다, 밝다, 어둡다, 깨끗하다, 더럽다, 조용하다, 시끄럽다, 편하다, 불편하다, 가볍다, 무겁다, 뜨겁다, 차갑다

새 단어

다른, 노트북, 기숙사, 찾다, 꼭, 같다, 마음에 들다

어휘 찾아보기 (가나다순)

ㄱ

가깝다	99
가끔	70
가볍다	99
가슴	80
감기에 걸리다	82
같다	105
같이	62
거의 안	70
건강하다	82
게임을 하다	64
계단	44
고등학교	29
고등학교에 입학하다	29
고등학생	29
공무원	25
관광 가이드	25
괜찮다	82
귀	80
귀엽다	97
그런데	66
근처	36
기숙사	101
기자	25
기침을 하다	82
기타를 치다	65
깨끗하다	99
꼭	103

ㄴ

날씬하다	96
남자	48
낫다	82
넓다	99
노래를 부르다	65
노래방	51
노트북	100
농구를 하다	64
눈	80
눕다	50

ㄷ

다	53
다른	100
다리	80
다리를 다치다	82
대학(교)	29
대학교 3학년	29
대학교를 졸업하다	29
대학생	29
대학원	29
대학원생	29
더	84
더럽다	99
뒤	42
드라마를 보다	64
등	80
똑똑하다	98
똑바로 가다	47
뚱뚱하다	96
뜨겁다	99

ㅁ

마르다	96
마음에 들다	105
마치다	33
머리	80
머리가 길다	97
머리가 아프다	82
머리가 짧다	97
먼저	31
멀다	99
멋있다	97
목	80
몸이 안 좋다	82
못생기다	97
무겁다	99
무릎	80
문	42
물어보다	50

ㅂ

바로	31
밖	42
밖으로 나가다	47
받다(전화를)	27
발	80

발목	80	
밝다	99	
배	80	
배고프다	86	
배드민턴을 치다	64	
배탈이 나다	82	
버스를 타다	52	
번역가	24	
별로	68	
보통이다	96	
불편하다	99	

ㅅ

사전	67
산책을 하다	65
3급에 올라가다	29
생각보다	68
생리통이 심하다	82
서다	50
성격이 안 좋다	98
성격이 좋다	98
소리	74
소파	51
손	80
손가락	80
손가락이 가늘다	96
손가락이 굵다	96
술	87
스마트폰을 하다	64
스페인어	25
승무원	25
시끄럽다	99
시험	85
쓰다	86

ㅇ

아래	42
아래로 내려가다	47
악기를 배우다	65
안	42
안으로 들어가다	47
앉다	50
알레르기가 심하다	82
앞	42
약	84
어깨	80
어깨가 넓다	96
어깨가 좁다	96
어둡다	99
어리다	66
얼굴	80
얼굴에 뭐가 나다	82
엉덩이	80
에스컬레이터	44
엘리베이터	44
여자	48
여행사	27
열이 나다	82
영상 통화	31
영어	25
옆	42
예쁘다	97
오른쪽	42
옷 가게를 하다	25
외국어	25
왼쪽	42
요가를 하다	64
요즘	62
운동 경기를 보다	64
위	42
위로 올라가다	47
유치원	29
유치원생	29

유학 중이다	29
이	80
2급을 수료하다	29
이사하다	33
이상하다	98
일본어	25
입	80

ㅈ

자동판매기(자판기)	44
자전거를 타다	65
자주	70
작가	24
잘	83
잘생기다	97
잠을 못 자다	82
저쪽으로 돌아가다	47
전혀 안	70
정문	44
정수기	44
조용하다	99
좁다	99
주차장	44
중국어	25
중학교	29
중학생	29
지하	45
지하철	52

ㅊ

차갑다	99
착하다	98
창문	42
찾다	103
체격이 작다	96

체격이 크다	96
초등학교	29
초등학생	29
춤을 연습하다	65
춤을 추다	65
취직을 준비하다	29
취직하다	29
층	43

한국어	25
한국어를 가르치다	25
허리	80
헬스장에 가다	65
현금인출기(ATM)	44
화가	24
회사에 다니다	25

ㅋ

코	80
콧물이 나다	82
키가 작다	96
키가 크다	96

ㅌ

택시	52
통역가	24
퇴직하다	29

ㅍ

팔	80
팝콘	67
편하다	99
피곤하다	82
PC방(피시방)	51
피아노를 치다	65

ㅎ

학교를 그만두다	29
학원	27

문법 찾아보기

1과

- 고 있다

- 어떤 동작이 진행됨을 나타낸다.
  It means an action in progress.

동사	받침 ○	-고 있다	듣다 → 듣고 있다
	받침 × ㄹ받침		보다 → 보고 있다 살다 → 살고 있다

가 다니엘 씨는 지금 뭐 해요?
나 도서관에서 공부를 하고 있어요.

- (으)ㄴ 후에

- 앞의 일이 끝난 다음에를 나타낸다.
  It is used when completing an action before another in order.

동사	받침 ○	-은 후에	읽다 → 읽은 후에 듣다 → 들은 후에
	받침 × ㄹ받침	-ㄴ 후에	끝나다 → 끝난 후에 만들다 → 만든 후에

가 언제 여행을 가요?
나 이번 학기가 끝난 후에 갈 거예요.

- (으)려고 하다

- 어떤 일을 할 생각이나 계획이 있음을 나타낸다.
  It is used to express a plan or intention.

동사	받침 ○	-으려고 하다	읽다 → 읽으려고 하다
	받침 × ㄹ받침	-려고 하다	보다 → 보려고 하다 만들다 → 만들려고 하다

가 대학교를 졸업한 후에 뭐 할 거예요?
나 한국에서 취직하려고 해요.

- 과거에 할 생각이 있었거나 계획했던 일에도 사용한다.
  It can also be used for the subject's plans or intentions in the past.

가 방학에 뭐 했어요?
나 고향에 가려고 했어요. 그렇지만 일이 많아서 못 갔어요.

2과

에 있다

- 사람이나 물건이 어디에 위치하는지를 나타낸다.
  This expression means the location of an object or a person.

가 알리 씨가 어디에 있어요?
나 저기 문 앞에 있어요.

- 아서/어서/여서

- 동작이 밀접한 관계를 가지고 순차적으로 일어남을 나타낸다.
  It indicates that the first and second actions are closely related and occur in sequence.

동사	ㅏ, ㅗ ○	-아서	가다 → 가서
	ㅏ, ㅗ ×	-어서	만들다 → 만들어서
	하다	-여서	시작하다 → 시작해서

가 어제 뭐 했어요?
나 친구 집에 가서 놀았어요.

가 이 가방 지아 씨가 만들었어요?
나 아니요, 우리 언니가 만들어서 줬어요.

- '에 가서', '을/를 만나서', '을/를 사서', '을/를 만들어
서', '에 앉아서/서서/누워서'와 같은 형태로 자주 사
용한다.
  The expression is often used in the forms of 에 가서, 을/를
  만나서, 을/를 사서, 을/를 만들어서, 에 앉아서/서서/누워서.

  가   여기에 앉아서 이야기할래요?
  나   네, 좋아요.

- (으)면 되다 ▼ 🔍

- 어떤 결과를 충족하는 수준임을 나타낸다.
  This expression indicates that a certain condition is
  fulfilled.

	받침 ○	-으면 되다	읽다 → 읽으면 되다
동사	받침 × ㄹ받침	-면 되다	쓰다 → 쓰면 되다 만들다 → 만들면 되다

  가   사무실에 어떻게 가요?
  나   저기에서 엘리베이터를 타면 돼요.

  가   다 샀어요?
  나   과일만 사면 돼요.

3과

- (으)러 가다 ▼ 🔍

- 앞의 행동을 하기 위해 이동함을 나타낸다.
  It indicates the goal or purpose of moving somewhere.

	받침 ○	-으러 가다	먹다 → 먹으러 가다
동사	받침 × ㄹ받침	-러 가다	보다 → 보러 가다 놀다 → 놀러 가다

- '-(으)러 가다/오다/다니다'의 형태로 사용한다.
  It is mainly used in the forms of -(으)러 가다/오다/다니다.

  가   어디 가요?
  나   시험이 끝나서 홍대에 놀러 가요.

- (으)ㄹ 때 ▼ 🔍

- 어떤 동작이나 상태가 진행되는 순간이나 진행되는
동안을 나타낸다.
  It is used to indicate a moment or period of time in which
  a certain action or condition continues.

동사 형용사	받침 ○	-을 때	좋다 → 좋을 때
	받침 × ㄹ받침	-ㄹ 때	보다 → 볼 때 힘들다 → 힘들 때

  가   학교에 갈 때 뭐 타고 가요?
  나   버스를 타고 가요.

- 앞의 동작이나 상태가 이미 완료되었을 때는 '-았을/
었을/였을 때'를 사용한다.
  When the preceding action or condition has been already
  completed, -았을/었을/였을 때 are used.

  가   다니엘 씨도 같이 영화를 봤어요?
  나   아니요, 다니엘 씨는 영화가 다 끝났을 때 왔어요.

- 는 것 ▼ 🔍

- 동사 어간에 붙어 동사를 명사처럼 사용할 수 있게 한
다.
  It is attached to the stem of a verb to change it into a
  gerund.

	받침 ○		먹다 → 먹는 것
동사	받침 × ㄹ받침	-는 것	보다 → 보는 것 만들다 → 만드는 것

  가   악기 배우는 것을 좋아해요?
  나   네. 그래서 어릴 때부터 여러 악기를 배웠어요.

4과

- (으)면 ▼ 🔍

- 뒤의 내용에 대한 조건이나 가정을 나타낸다.
  It indicates the condition for the following clause.

동사 형용사	받침 ○	-으면	먹다 → 먹으면
	받침 × ㄹ받침	-면	아프다 → 아프면 만들다 → 만들면

가 배가 고프면 밥 먹으러 갈래요?
나 네, 좋아요.

가 돈이 많으면 뭘 하고 싶어요?
나 돈이 많으면 세계 여행을 하고 싶어요.

- 아도/어도/여도 되다

● 행동의 허락이나 허용을 나타낸다.
It is used to either ask or tell someone it is okay to do something.

동사	ㅏ, ㅗ ○	-아도 되다	앉다 → 앉아도 되다
	ㅏ, ㅗ ×	-어도 되다	쉬다 → 쉬어도 되다
	하다	-여도 되다	하다 → 해도 되다

가 지금 선생님한테 전화해도 돼요?
나 너무 늦었어요. 내일 아침에 하세요.

● '되다' 대신에 '좋다', '괜찮다'를 사용하기도 한다.
좋다, 괜찮다 can be used instead of 되다.

가 여기에 앉아도 괜찮아요?
나 네, 앉으세요.

- (으)면 안 되다

● 행동을 금지하거나 제한함을 나타낸다.
It means that a certain action is not allowed.

동사	받침 ○	-으면 안 되다	먹다 → 먹으면 안 되다
	받침 × ㄹ받침	-면 안 되다	들어가다 → 들어가면 안 되다 만들다 → 만들면 안 되다

가 지금 교실에 들어가도 돼요?
나 지금 들어가면 안 돼요. 수업이 안 끝났어요.

가 이 약은 하루에 하나만 드세요. 많이 먹으면 안 돼요.
나 네, 알겠어요.

- 지만

● 앞의 내용이 뒤의 내용과 반대됨을 나타낸다.
It is used to make a statement that contradicts or contrasts with what was just said.

동사 형용사	받침 ○	-지만	좋다 → 좋지만
	받침 × ㄹ받침		바쁘다 → 바쁘지만 살다 → 살지만

● 과거의 내용이 앞에 올 때는 '-았지만/었지만/였지만' 을 사용한다.
When the preceding action or condition happened in the past, -았지만/었지만/였지만 are used.

가 약을 먹었지만 지금도 머리가 아파요.
나 그러면 집에 가서 쉬세요.

- (으)면 좋겠다

● 바람이나 기대를 나타낸다.
This expresses the speaker's desire, wish, or expectation.

동사 형용사	받침 ○	-으면 좋겠다	먹다 → 먹으면 좋겠다
	받침 × ㄹ받침	-면 좋겠다	크다 → 크면 좋겠다 만들다 → 만들면 좋겠다

가 저는 한국어를 잘하면 좋겠어요.
나 그러면 한국 친구를 많이 사귀세요.

● '-았으면/었으면/였으면 좋겠다'를 사용하기도 한다.
We also say -았으면/었으면/였으면 좋겠다.

● 다른 사람, 사물, 상태 등에 대한 바람이나 기대도 이 야기할 수 있다.
It indicates the subject's desire or expectation for someone, an object, or condition.

저는 다니엘 씨가 저한테 자주 전화하면 좋겠어요.

이번 겨울에 눈이 많이 오면 좋겠어요.

-는/(으)ㄴ

- 뒤에 오는 명사를 수식한다. 그 동작이나 상태가 현재임을 나타낸다.

It is added to the stem of a verb and adjective to indicate the action and condition is present tense and modify the following noun.

| 동사
있다, 없다 | 받침 O | -는 | 읽다 → 읽는
재미있다 → 재미있는 |
| | 받침 ×
ㄹ받침 | | 보다 → 보는
살다 → 사는 |

| 형용사 | 받침 O | -은 | 많다 → 많은 |
| | 받침 ×
ㄹ받침 | -ㄴ | 크다 → 큰
멀다 → 먼 |

가   지금 읽는 책은 제목이 뭐예요?
나   '한국어 산책'이에요.

가   어떤 사람이 좋아요?
나   저는 운동을 잘하는 사람이 좋아요.

MEMO

**고려대
한국어** **2A**
English Version

초판 발행	2019년 8월 12일
2판 발행 1쇄	2022년 7월 28일
지은이	고려대학교 한국어센터
펴낸곳	고려대학교출판문화원
	www.kupress.com
	kupress@korea.ac.kr
	02841 서울특별시 성북구 안암로 145
	Tel 02-3290-4230, 4232
	Fax 02-923-6311
유통	한글파크
	www.sisabooks.com / hangeul
	book_korean@sisadream.com
	03017 서울시 종로구 자하문로 300 시사빌딩
	Tel 1588-1582
	Fax 0502-989-9592
일러스트	최주석, 황주리
편집디자인	한글파크
찍은곳	경성문화사
ISBN	979-11-90205-00-9 (세트)
	979-11-90205-63-4 04710

값 17,000원